大数据时代高校图书馆档案管理的理论与实务

浦海涛 著

西北工业大学出版社

西 安

图书在版编目(CIP)数据

大数据时代高校图书馆档案管理的理论与实务 / 浦海涛著. — 西安：西北工业大学出版社，2021.12
ISBN 978-7-5612-8070-6

Ⅰ. ①大… Ⅱ. ①浦… Ⅲ. ①院校图书馆-档案管理-研究-中国 Ⅳ. ①G258.6

中国版本图书馆 CIP 数据核字(2021)第 272998 号

DASHUJU SHIDAI GAOXIAO TUSHUGUAN DANG'AN GUANLI DE LILUN YU SHIWU
大 数 据 时 代 高 校 图 书 馆 档 案 管 理 的 理 论 与 实 务
浦海涛 著

责任编辑：	李文乾 呼延天慧	策划编辑：	张　晖
责任校对：	万灵芝	装帧设计：	李　飞

出版发行：西北工业大学出版社
通信地址：西安市友谊西路 127 号　　邮编：710072
电　　话：(029)88491757，88493844
网　　址：www.nwpup.com
印 刷 者：西安五星印刷有限公司
开　　本：710 mm×1 000 mm　　1/16
印　　张：9
字　　数：147 千字
版　　次：2021 年 12 月第 1 版　　2021 年 12 月第 1 次印刷
书　　号：ISBN 978-7-5612-8070-6
定　　价：58.00 元

如有印装问题请与出版社联系调换

前　言

大数据的发展促进了社会的进步,对各行各业均产生了巨大的影响。高校图书馆的档案管理工作在这一时代背景下也产生了巨大的变革。在如今的大数据时代,人们对信息的需求呈现出多元化,图书馆作为各种信息资料的汇集场所,不仅要及时收录各种信息资源,还要将这些内容呈现给大众。因此,对高校图书馆档案管理进行研究具有十分重要的意义,不仅能够提高档案管理工作的效率,还能够提高图书馆的服务能力。

本书共分五章,以大数据和档案管理的相关内容为基础,对大数据时代高校图书馆档案管理进行研究:第一章为大数据与高校图书馆,主要内容包括大数据的核心价值与发展战略、大数据对高校图书馆的影响、大数据时代高校图书馆面对的挑战与问题、大数据在高校图书馆应用的基本框架以及大数据时代的图书馆学研究;第二章为高校图书馆档案管理的技术保障,主要内容包括信息技术对高校档案管理的影响、档案信息化建设的意义与重点、档案管理软件的开发现状与优化、电子文件鉴定、档案信息安全技术、档案资源数据库与档案安全保障体系建设;第三章为高校图书馆档案信息资源的科学管理,主要内容包括信息资源整合,档案的收集、鉴定、统计与利用,档案信息资源及其开发途径,档案信息安全保障体系建设;第四章为高校图书馆档案管理信息化建设,主要内容包括高校图书馆档案管理信息化建设概述,高校图书馆档案管理信息化发展的目标、原则与存在的问题,高校图书馆档案管理信息化建设中的知识产权;第五章为高校图书馆信息资源保障体系及其建设,主要内容包括高校图书馆信息资源保障体系概述、高校图书馆信息资源保障体系建设、高校图书馆信息资源保障体系建设策略。

在撰写本书过程中,参考和借鉴了许多档案信息管理和高校图书馆方面的相关文献资料,在此表示最诚挚的谢意。

由于水平有限,书中难免存在不妥与疏漏之处,恳请广大读者批评指正。

著 者
2021年9月

目　　录

第一章　大数据与高校图书馆 ……………………………………… 1
第一节　大数据的核心价值与发展战略 ………………………… 1
第二节　大数据对高校图书馆的影响 …………………………… 11
第三节　大数据时代高校图书馆面临的挑战与问题…………… 18
第四节　大数据在高校图书馆应用的基本框架………………… 22
第五节　大数据时代的图书馆学研究…………………………… 30

第二章　高校图书馆档案管理的技术保障………………………… 35
第一节　信息技术对高校档案管理的影响……………………… 35
第二节　档案信息化建设的意义与重点………………………… 38
第三节　档案管理软件的开发现状与优化……………………… 43
第四节　电子文件鉴定…………………………………………… 47
第五节　档案信息安全技术……………………………………… 52
第六节　档案资源数据库与档案安全保障体系建设…………… 59

第三章　高校图书馆档案信息资源的科学管理…………………… 65
第一节　信息资源整合…………………………………………… 65
第二节　档案的收集、鉴定、统计与利用……………………… 68
第三节　档案信息资源及其开发途径…………………………… 84
第四节　档案信息安全保障体系建设…………………………… 88

第四章　高校图书馆档案管理信息化建设………………………… 92
第一节　高校图书馆档案管理信息化建设概述………………… 92

I

第二节　高校图书馆档案管理信息化发展的目标、原则与
　　　　　　存在的问题 …………………………………………… 99
　　第三节　高校图书馆档案管理信息化建设中的知识产权 ………… 108

第五章　高校图书馆信息资源保障体系及其建设 ……………………… 112
　　第一节　高校图书馆信息资源保障体系概述 …………………… 112
　　第二节　高校图书馆信息资源保障体系建设 …………………… 116
　　第三节　高校图书馆信息资源保障体系建设策略 ……………… 119

参考文献 ……………………………………………………………………… 131

第一章 大数据与高校图书馆

第一节 大数据的价值与发展战略

一、大数据的价值

(一)帮助企业找到目标受众

在如今的信息化时代背景下,企业面临着新的挑战,它们需要从数据中找到消费者在不同时间、空间下的不断变化的需求,从以往与消费者单一、分散的沟通,转为实时与消费者的沟通,从单向沟通转为双向沟通。不管是产品研发过程还是产品销售过程,企业都需要以消费者的相关数据为导向,才能提高消费者对产品的满足程度。而大数据能够为企业提供精确的信息,为企业挖掘市场机会提供帮助,提高企业的生产效率与生产有效性。因此,对企业来讲,大数据有利于企业发掘新的市场机会,有利于企业将各种资源合理利用到目标市场,有利于制定精准的经销策略,有利于调整市场营销策略,降低企业经营风险。

企业通过对数据的大量分析,能够获得消费者的相关信息,为产品服务提供导向。企业通过分析消费者的相关数据,探索未来可能的产品发展方向,使得产品可以更加符合消费者的需求。企业的产品是为消费者提供的,只有对消费者的生活方式有一定的了解,获取消费者真正的消费需求信息,企业提供的产品才能够与消费者的生活方式相吻合。大数据分析是发现新客户群体、确定最优供应商、创新产品、理解销售季节性等问题的最好解决办法。

(二)提高决策能力

在获取信息途径少、获取成本高的时代,企业管理者所做出的决策一般依靠个人的直觉与经验。但是如今,企业管理者必须依靠数据来了解市场与消费者。

大数据能够为企业管理者提供精确的市场与消费者信息,帮助企业做出更加准确的决策,获得更大的商业价值。不同行业的差异性使得各行业需要的数据也各不相同,但是从数据的获取、整合、加工及综合应用、服务与推广、数据处理的流程来分析,所有行业的模式都是一致的。这主要是由大数据所具有的特点决定的,大数据的特点主要有以下几点。

(1)量变到质变。由于数据开发与数据相关技术的完善,决策者所拥有的信息越来越多,完整度也越来越高,因此,在数据基础上进行的理性决策逐渐增加,盲目决策的范围在逐渐缩小。

(2)决策技术含量、知识含量大幅度提高。由于云计算的出现,人们对数据的运用程度也逐渐加深,能够对数据进行有效利用,并产生有价值的决策信息。

(3)大数据催生了很多过去难以想象的重大解决方案。

企业应将数据贯穿企业的整个运作过程,建立起相应的数据体系,使管理层与业务层之间建立起联系,使实时数据与历史数据联系起来,将和企业相关的重要指标与当下的数据联系起来,将面向业务的数据转换为与管理相关的数据,为企业管理层的决策提供重要的参考依据。

(三)提供个性化服务

每个人都有自己独特的数据库,不同的数据能够反映人们不同的生活特点与生活习惯,企业可以根据这些数据为用户提供个性化服务。

在医疗服务中,人们可以通过各种手机软件对自己的健康状况进行实时监控,如果身体有什么不适的感觉,就会得到相应的提醒,然后根据实际情况,在个人与医院或专家之间建立起沟通,使个人得到准确及时的诊断治疗。如果病人来到医院就诊,医生只能根据病人当下的症状与检查结果做出诊断,但是如果借助大数据,医生就可以根据病人的历史数据综合分析,做出更为全面的诊断。同时,医生还可以根据病人的遗传病史、药物反应、检查结果变化,对病人可能的潜在病情做出预测并采取一定的预防手段,如果是无症状的疾病,则能够提前做出诊断。例如,早期发现和治疗能够降低肺癌给卫生系统造成的负担,因为早期的手术费用是后期治疗费用的一半。

在教育活动中,传统的教育模式是对于所有学生,教师使用同样的教材、布置同样的作业,不管学生的学习情况如何,都是一样的教学方法。但是不同的学生具有不同的个性,所擅长的内容也各不相同,在这种教学模式下,无法根据学生的个性与学习情况,做到因材施教。

例如,一个学生考了90分,这个分数仅是一个数字,它能代表什么呢?90分背后反映了学生的努力程度、学习态度、智力水平等,如果将它们与90分联系在一起,就成了数据。大数据因其数据来源的广度,有能力去"关注"每一个学生的微观表现,比如他在什么时候开始看书,在什么样的讲课方式下学习效果比较好,在什么时候学习什么科目效果比较好,在不同类型的题目上停留多久,等等。当然,这些数据对其他个体都是没有意义的,这也是高度个性化特征的体现。同时,这些数据的产生完全是过程性的:课堂的过程,作业的情况,师生或同学的互动情景……而最有价值的是,这些数据完全是在学生不自知的情况下被观察而收集的,只需要一定的观测技术和设备的辅助,不会影响学生的日常学习和生活,它的采集也非常自然、真实。

在大数据的支持下,教师可以根据学生的实际情况,为学生制定个性化的学习方案;根据学生的特点,释放学生的学习能力与天分,提高学生的学习兴趣与学习积极性。

此外,我国政府应该对我国的数据库进行管理,从以往的提供财政补贴转向提供数据库信息,促进我国企业的发展。有了这些数据的支持,企业可以为用户提供个性化的服务,打造企业的创意服务。

(四)智慧城市建设的核心内容

近年来,我国逐渐认识到大数据在社会建设中的重要作用,开始大力开展"智慧城市"的建设。智慧城市的概念包含了智能安防、智能电网、智慧交通、智慧医疗、智慧环保等多领域的应用,这些都是建立在大数据基础之上的,智慧城市的核心就是大数据的使用。

在治安领域,大数据已经用于信息的监控管理与实时分析、犯罪模式分析与犯罪趋势预测,北京、临沂等地已经开始利用大数据技术进行研判分析,打击犯罪。

在交通领域,大数据能够通过对公交地铁刷卡、停车收费站、视频摄像头等信息的收集,分析预测出行交通规律,指导公交线路的设计,调整车辆派遣密度,进行车流指挥控制,做到及时梳理拥堵,合理缓解城市交通负担。

在医疗领域,部分省市正在实施病历档案的数字化,配合临床医疗数据与病人体征数据的收集分析,可以用于远程诊疗、医疗研发,甚至可以结合保险数据分析用于商业及公共政策制定等。

随着智慧城市的发展,我国的大数据开始进入建设阶段,极大地促进了市场对大数据的需求,有效带动了我国大数据产业的发展。如今,大数据在我国的产业发展中占有重要地位,其应用价值也逐步显现。

(五)描述价值

在数据产业中,描述数据是对数据的初步加工,也是相关的数据从业者在日常工作中做的最基础的工作。在企业中,一年的营业收入、利润、净资产等数据都是描述性数据。在电商类企业日常经营中,描述业务的数据包括交易额、成交用户数、网站的流量、成交的卖家数等,企业可以通过数据对业务的描述来观察交易活动是否正常。

数据具有一定的复杂性,如果是较为烦琐的数据内容,数据从业人员或许能够看懂,但是对于需要数据的企业人员来讲,具有一定的难度,需要适当的培训才可以理解数据。因此,描述数据能够帮助企业的业务人员清楚地了解业务的发展状况,使其对自己日常的业务有更清楚的认知。对于管理层来讲,业务数据能够使其更好地了解企业的发展状况,做出正确的决策。

在描述数据中,最好的方式就是对数据的框架进行分析,从错综复杂的数据中梳理出重要内容,使数据的使用者能够在极短的时间内清楚数据传达的内容,了解企业的经营状况,同时还可以看到其中的细节。对数据框架的分析是一个数据分析师应该具备的基本能力,在理解数据的基础上,对数据进行分类、总结和分析,将其展示给数据使用者。良好的数据分析师都具有非常好的数据框架分析能力。

(六)时间价值

如今,只要我们使用互联网,就会产生一定的数据。例如,我们以往在互联网上有过购买行为,就会产生相关的数据。这些横向与纵向维度的数据能够帮助网站对我们的购买行为进行分析,便于网站对我们可能的购买行为做出预测,这就是数据的时间价值。

在数据分析中,对数据的时间维度进行分析是十分重要但是具有一定难度的。在数据中加入对时间维度的分析,可以使数据产生更大的价值。

在大数据中,对大量历史数据进行分析是尤为重要的内容,而时间是代表历史的一个重要维度,因此时间在大数据中具有重要的价值。对用户的历史行为进行分析,能够显示出用户的偏好,能够帮助企业为用户提供精准的服务,充分显示出大数据的时间价值。

(七)预测价值

在企业中,数据的预测价值主要表现在两方面:一方面是对某个单品进行预测,例如,在电子商务中,凡是能够产生数据就能够用于推荐,对数据进行分析,产生预测价值;另一方面是对企业的经营状况进行预测,通过对市场以及企业的相关数据进行分析,能够对企业未来的经营状况进行预测,对公司的经营策略起到重要的指导作用。

在今天的电商中,无线是一个重要的部门,对于新的无线业务来说,核心指标之一就是每天的活跃用户数,而且这个指标也是对无线团队进行考核的重要依据。作为无线团队的负责人,到底怎样判断现在的经营状况和目标之间存在的差距?这就需要对数据进行预测。通过预测,首先将活跃用户数分成新增和留存两个指标,进而分析对目标的贡献度分别是多少,并分别对两个指标制定出相应的产品策略,然后分解目标,进行日常监控。这些数据能够对公司的整体经营策略产生重大影响。

二、大数据的发展战略

(一)加快对相关人才的培养

在大数据时代背景下,如果缺失大数据技术的支持,企业发展就会被遏制,很容易导致企业被淘汰。如今,各行各业对大数据人才的需求不断增加,人才短缺已经成为制约产业发展的重要问题。因此,企业与地方政府要大胆创新,积极制定相关的政策来吸引更多的大数据人才,同时为培养大数据人才提供政策支持。

1.统筹教育资源,建立人才培养基地

当地企业与政府应该注重对各种教育资源的统筹,积极建立相应的人才培养基地与人才实训基地,注重对重点领域以及核心技术研发人才的培养,形成完整、健全的人才培养体系。

从长期发展来看,应该立足于依靠我国重点高校与科研院所的人才培养输送,致力于培养和造就一支懂指挥、懂数据采集、懂数学算法、懂数学软件、懂数据分析、懂预测分析、懂市场应用、懂管理等的复合型"数据科学家"队伍。培养和造就高素质的大数据应用人才,可以采取多元化培养方式:支持国内高等院校设立大数据相关学科、专业,培养大数据技术和管理人才;支持职业学校开展大数据相关职业教育,培育专业技能人才;鼓励高校和科研院所针对大数据产业相关技能对在职人员进行专业培训,缩短高校培养人才的周期来满足数据产业对人才的需求。

2.以比赛形式吸引人才的加入

通过举办具有影响力的标准化赛事,吸引各地优秀的人才与团队的参与,从而带动大数据产业的发展。此外,还可以培养大数据领域创新型领军人才,吸引海外的高层次人才来华就业发展。对于大数据人才的建设,应该建立适应大数据发展需求的人才培养方案和评价机制,并建立健全多层次、多类型的大数据人才培养体系。

(二)加强企业与政府之间的数据共享

随着信息化与互联网的快速发展,社会步入大数据时代。政府统计部门与大数据之间的关系极为密切,政府一般拥有较为权威的数据资源。企业是大数据应用的主力军与先行者,同时也是大数据应用的直接受益者,越来越多的企业从事数据生产、分析与交换,还衍生出很多的数据设计、数据制造、数据营销的新产品。

加强企业与政府之间的合作与资源共享,能够实现双方的共赢:企业可以通过数据共享,提高工作效率,实现企业的价值最大化;政府可以通过数据共享,提高相关统计部门的统计能力,使获得的数据更为客观、真实、及时,丰富数据库的建设,得到更为完整的信息,减少数据收集的时间,大大提高工作效率,减轻调查过程的负担。

政府通过相关政策的实施与执行,能够吸引更多有资源、有技术、有经验的人才投入大数据的开发与应用活动中,为企业的转型升级与发展提供人才保障,这对现代化服务型统计的建设具有重要的推动作用。政府加快大数据应用战略研究,为大数据的提取、存储、分析、共享和可视化创造了有利条件。

如今大数据已经成为国家发展中重要的战略资源,作为公共数据的核心生产者与拥有者,政府应该利用好这些数据,对这一战略资源进行积极的开发。同时,应该加快政府与企业之间的数据共享,使这些数据所产生的经济价值与社会价值最大化,其巨大的示范效应能够释放政府数据价值,有利于加快推动数据产业市场化的步伐。

在政府与企业之间的数据共享中,政府应该起到一定的带头作用,开放公共领域内的相关数据,同时尽快确立数据开放的相关原则与政策,鼓励企业开放其在生产经营过程中产生的数据。发挥大数据价值的关键就在于要统一数据资源的标准,不仅要大力推动大数据统一标准的制定工作,还应该加快研究建立健全大数据技术标准、分类标准和数据标准。统一数据标准是破解"数据孤岛"问题的一个关键因素。针对行政记录、商业记录、互联网信息的数据特点,研究分析不同数据口径之间的衔接和数据源之间的整合,规范数据输出格式,统一应用指标含义、口径等基本属性,为大数据的公开、共享和充分利用奠定基础,积极推动大数据开发利用的科学性、统一性和规范性。

除此之外,政府应该将全面深化政府行政体制改革作为推进政府资源共享的重点,这样可以实现政府与企业之间的数据资源共享,为社会大众提供更好的服务。当前,要积极推动与大数据应用相关的法律法规的制定,创新行政管理方式,为大数据使用者创造更好的社会法治环境,提高数据产业资源配置效率,有力保障和维护各方合法权益。

(三)保障数据安全

1.保障大数据的安全

保障数据安全是大数据产业发展的重要内容。在信息化时代,信息的安全问题逐渐显现,对加密技术的要求也越来越高。随着大数据的发展,加密技术也得到了迅速的发展,由单一的加密方式变为复杂的、安全系数更高的加密方式，其中透明加密技术受到了较多人的青睐。这种加密技术集合了对称与非对称算法的优点，对信息的加密也更为灵活，能够保障大规模的数据安全。同时，这种加密方式更为简单便捷，人们在工作时不会受到加密方式的影响。该技术是基于系统内核的，因此具有较好的兼容性。

保障大数据的安全建立在对数据本身保护的基础上，因此，企业最好使用加密软件。使用针对性强、防护全面的加密软件，能够有效保护数据安全、保障大数据的发展。在企业中，加密软件要具备能够快速检测数据威胁的能力，以防止数据丢失。目前，我国企业对数据安全问题的重视程度逐渐加强，在保护数据安全上投入了大量精力，已经有部分企业能够实现这一要求。

2. 大数据与关系数据库的区别

大数据与关系数据库看似都是与数据有关的内容，实际上两者具有极大的差别：首先，两者具有不同的适时性，所涵盖的数据量也不相同；其次，两者具有不同的分布式架构，而这正是安全防护较为困难的重要原因；最后，两者对数据的储存与查询采用不同的模式，有时大数据在储存或查询数据时还需要协调不同的网络会话。在大数据环境中，安全产品有很多技术已经处于失效状态，其中包括监视与分析日志、发现数据及评估漏洞等方面。因此，需要在架构层面重新设计安全工具，以满足大数据环境中的安全需要。

3. 大数据网络层的安全策略

将数据结构化是数据安全开发的一个有效方法，这种方法能够有效降低数据处理和分类的难度，同时还便于后期的数据管理和加密。将数据结构化后，如果有入侵行为，安全系统就可以准确、高效地将其分辨出来，防止数据在使用前遭到泄露与破坏。这种方法虽然本质上并没有改变数据的安全格局，但是却有效地提高了系统的工作效率，如今已经成为数据安全模式的发展趋势。

但是在如今的大数据发展中，数据结构化的方法需要进一步完善。同时，随着网络攻击次数的暴增及云计算造成的攻击方法隐秘性的增强，现有的端点安全模式已经暴露出明显的缺点，网络层受到强大的压力，所以应该在维护端点数据安全时重点考虑网络层。这就要求在把数据结构化、辨识智能化与本地系统的监控机制结合起来时，只允许常态数据运行。

4. 本地数据的安全策略

在大数据时代,虽然数据能够为个人或企业带来丰厚的收入,但难免会发生信息泄露事件,其中有很大一部分事件来自企业内部。因此,要将本地数据安全纳入数据安全管理中。企业中本地的数据保护系统看似较为成熟,实际还具有较大的差距。企业要对自身的安全防护思路进行调整,在其中加入内部监控功能,加强数据的本地保护。同时,为防止数据被他人蓄意破坏,在数据储存时应采用纯数据模式,加强数据管理中各环节之间的协作。

在对数据进行处理时,数据调用具有极大的风险,企业如果想要规避这种风险,就需要对数据进行划分链接,对数据的储存以及缓存方式进行改进。在数据管理中,虽然数据储存作为其中的"终端"受到了高度的重视,但是仍需加强其中的安全防护措施。这要求企业完善数据逻辑策略并用于存储隔离与调用之间。

在大数据领域,只有少数开发资源被投入在增加安全功能中,而其他功能,如分析功能、易用性占据了大部分资源。此外还有一个较为显著的问题:大多数系统缺乏配套安全产品,即便有,也难以应对常见威胁,而且非关系型数据库等无法包含大多数安全产品,因此用户自己构建安全策略就显得极其重要。本地安全策略可能存在许多未知隐患,需要用户一边开发,一边完善自有系统。

5. 个人数据的安全

随着大数据与信息技术的发展,数据安全与信息安全成为重要问题。用户在使用新产品或是在网上浏览内容时,更加重视自己的信息是否能够得到保护,更为重视个人隐私的保护。对此有以下几点建议:

(1)使用匿名的 IP 地址。用户在使用浏览器时,要禁止网站收集和跟踪Cookie,使用支持禁止跟踪请求的浏览器。

(2)将数据加密。用户在将文件上传到网上时,最好在对文件进行压缩之前就设置加密密码,为用户的数据安全增加一层屏障。

(3)拒绝产品使用过程中不合理的权限要求。对手机用户来讲,应用软件会不顾用户的实际需要,设置超过本身服务之外的权限内容。同时,默认的后台运行占用了手机内大量的硬件资源,对手机的性能以及用户体验产生了极大的影响。

(4)浏览网页时使用超文本传输安全协议。超文本传输安全协议是可以进行加密传输、身份认证的网络协议,比超文本传输协议更安全,这样就增强了计算机与服务器之间信息传输的安全性。

(四)大数据治理

1. 大数据治理能够促进大数据服务创新和价值创造

大数据的核心价值在于能够持续不断地开发出创新的大数据服务,进而为企业、组织、政府和国家创造商业和社会价值。大数据治理能够通过优化和提升大数据的架构、质量、标准、安全等技术指标,显著推动大数据的服务创新,从而创造出更多更广泛的价值。因此,促进大数据的服务创新和价值创造是大数据治理最重要的作用,是大数据治理与数据治理的显著区别,也是大数据治理的最终目标。

2. 科学的大数据治理框架有助于提升大数据管理和决策水平

大数据治理框架包括治理的策略、组织结构、过程、职责分工等,科学的大数据治理框架有助于企业在进行大数据治理时有效地对数据进行管理。例如,为分散于各业务部门的数据提供一致的定义、建立大数据管理制度,以及监管大数据质量等。这有助于协调各部门之间目标与利益,能为产品与业务部门提供更为深入、可信和广泛的数据,使企业领导者做出与企业发展目标相适应的有效决策。

3. 大数据治理能提高数据质量

在大数据治理过程中,需要建立相关的规则、标准以及过程,完善大数据治理的体系建设。在治理活动中,要严格执行已制定的规则、标准与过程。有效的大数据治理能够提高数据的质量,提高数据的可信度。随着数据治理质量的提升,数据治理效率也会相应提升,从而使企业中与数据有关的费用逐渐降低。

4. 大数据治理能够提高合规监管和安全控制

大数据治理中的核心领域是合规监管和安全控制,这关系到隐私保护、存取管理、安全控制,以及规范、标准或内部规定的遵守和执行。在如今的企业发展中,对数据的使用具有一定的侵略性,为了开展业务,会在一些关键领域搜集、分析和使用各种有关用户、产品、业务环境等方面的信息,但是多数组织缺乏正确的数据治理策略,无法有效使用数据,甚至出现违反法律规范或者隐私数据丢失的现象。因此,要完善大数据治理的相关原则与体系。

大数据治理需要遵循以下原则:第一,大数据治理必须要在法律的框架内进行;第二,企业大数据治理的相关政策与规则的制定应与行业和政府的标准相对应;第三,在主要业务和跨业务职能之间应用一致的数据标准,为合规监管创造一个统一的处理和分析环境。大数据治理需要企业内相关部门的协作,有效的大数据治理能够降低在数据使用过程中所产生的风险。

第二节 大数据对高校图书馆的影响

一、高校图书馆的数据种类

高校图书馆本身拥有很多纸质资源,随着信息化建设的发展,大量的数字资源,如电子图书、期刊、数据、网络资源等涌入高校图书馆。智能手机、平板电脑等移动终端的普及使读者不受时空限制即可获取知识,随之而来的是高校图书馆的移动客户端、数字图书馆等如雨后春笋般涌现,使用户的数据量爆发式增长。面对如此海量的数据,高校图书馆应主要分析和挖掘用户的借阅记录、查询日志、社交活动、移动终端使用记录等各类半结构化数据,因为这些数据中包含了很多隐性价值,对改善服务方案、提高服务效率、开展个性化服务有很大帮助。

如今高校图书馆资源呈现多样化发展,除了较为传统的纸质图书以及电子图书外,还包括大量的非结构性信息资源,主要有智能设备数据、物联网数据、互联网数据、科研共享数据、移动互联数据等。

1. 智能设备数据

智能设备数据是图书馆中的硬件设施数据,例如:RFID(Radio Frequency IDentification,射频识别技术)数据信息,装有 RFID 图书的信息,可以自动实现资源的跟踪和分析;门禁系统保留有大量的读者进馆、出馆的信息,可以帮助图书馆根据读者的来馆时间,做好相应的人员配备,为读者提供更好的服务。

2. 物联网数据

物联网数据指的是为了确定图书馆资源的使用情况,通过图书馆不同位置或环境中的传感器,收集周围相关资源的数据,经过长时间的积累所保存下来的大量数据。通过对这些数据进行分析,确定图书馆资源的使用情况,从而优化资源配置。

3. 互联网数据

随着社交网站的普及应用,这部分数据的产生速度超过以往任何一个传播媒介。由于参与用户众多,且数据中包含用户丰富的情感特征,因此此类数据是图书馆服务的一大评价指标来源。另外,像联机公共目录检索系统的检索记录、数据库读者的访问记录等一些用户行为数据,也包含着丰富的读者信息。互联网数据是图书馆大数据的重要组成部分。

4. 科研共享数据

高校图书馆不仅是一个为高校师生提供图书服务的场所,更是一个科研服务中心。因此,高校不仅要将图书档案信息数据化,还要将科研信息数据化,构建一个数据共享平台。高校不仅是一个学习的平台,同时还是一个进行科研活动的场所。高校在长期的科研活动中形成了众多的科研数据,具有重要的研究价值。但是长期以来,这些科研数据主要是以纸质形式存在,使用的范围有限,没有对这些科研数据进行科学管理,没有充分发挥这些科研数据的价值,造成了科研数据信息的浪费。因此,高校图书馆应加强对这些科研数据的收集与整理。

5. 移动互联数据

在很多高校中,移动图书馆已经建立起来,不仅为读者的阅读服务提供了便利,也为图书馆的信息采集提供了便利。读者在使用移动图书馆的过程中会留下大量的数据信息,不仅有他们自身的数据信息,还有相关的阅读信息。图书馆工作人员通过对这些信息进行收集与分析,能够了解读者的阅读习惯,然后根据不同读者的阅读倾向,为读者提供个性化服务。

二、大数据应用在高校图书馆的价值

在如今的社会中,大数据具有重要作用,大数据的价值在人工智能、计算机学科等多个学科中均有显现,对大数据的运用能够极大地促进相关学科的发展。在高校图书馆中,大数据的价值主要表现为以下几个方面。

1. 为采购部门提供决策支持

通过读者使用资源的交互数据,如图书浏览、借还记录、数据库访问、下载记录等,高校图书馆可以对读者使用资源情况进行有效评估。通过读者的访问历史信息,高校图书馆可以预测读者的关注点,为采购部门提供有力的数据支持,从而购买贴近读者需求的图书资源,实现资源的有效配置。

2. 为读者提供个性化服务

高校图书馆的数据不仅包含读者的基本信息,还有大量读者的使用、访问记录。通过对读者的访问记录、借阅记录、下载记录等信息进行分析,结合读者的专业以及教务处内读者的选课、成绩等信息,预测读者的需求,为其提供合适的资源推送,使图书馆由以往的被动获取转换为主动服务。通过不断主动地为读者进行探测性的推荐服务,持续获取读者的反馈信息,从而对其服务需求进行修正,提高个性化服务的可靠度和精准度。

3. 为学科研究提供方向及热点资讯

高校图书馆可以利用大数据对学科进行聚类分析、热点预测、网络分析、可视化分析、引文分析、知识关联分析等,构建学科知识图谱。从宏观上分析相关学科领域的研究方向和热点,为科研人员,特别是新进入研究领域的学者,以及面临选题困难的硕士生、博士生提供帮助,大幅度地提高他们研究、学习和创新的效率。他们就可以节约文献调研的时间,迅速洞察学科领域的研究进展,确定自己的研究方向。

4. 为科研人员提供学术共享环境

在长期的科研活动中,高校科研人员通过观测、探测、试验、调查等科学手段积累了大量的数据,这是高校独有的数据财富。高校图书馆有义务对这些信息进行采集、整理,同时根据科研人员对资源需求的异同,建立虚拟社区,形成学术交流圈,为同一学科或近似研究方向的科研人员提供交流平台,创造良好的学术共享环境。

三、大数据时代高校图书馆的信息服务

在大数据时代下,读者对信息的需求量变大,对信息的新鲜度和质量也有了更高的要求。高校图书馆要把握住读者的需求,为读者提供最新的信息,利用大数据技术为读者提供个性化的服务。

如今诸多的高校图书馆利用大数据技术为读者提供更加个性化的服务，便利了读者的学习和生活。一般来说，大数据时代下，高校图书馆的信息服务可以分为四类：基于数据整合的一站式资源服务、基于数据分析的学科知识服务、基于数据应用的信息可视化服务和基于数据挖掘的智慧服务。随着图书馆服务模式的变化，原本的实体图书馆转型为虚拟图书馆，书本也从纸质图书转变为电子图书。

1. 基于数据整合的一站式资源服务

在大数据时代，电子计算机处理信息的速度非常快，除了在智慧图书馆中的应用外，也推进了互联网图书馆、高校智慧图书馆以及掌上图书馆的发展。在互联网图书馆中，大数据让检索更加方便，其形成的图书浏览记忆功能，可为读者选择书籍提供参考。在高校智慧图书馆发展中，效率是关键，其智慧的体现是为科研读者提供相近的参考文献、提供相关的阅读软件、将电子图书对应的纸媒图书发售情况进行简介、根据读者在页面上的操作行为推出保存以及笔记等服务，推动图书馆随大数据的升级而优化。掌上图书馆发展的根本是要了解读者详细的基本信息，并为读者提供多元化的服务。有了大数据的介入处理，读者可通过关键词或链接找到书籍，掌上图书馆也能根据读者的喜好进行书籍的推送，不断优化和完善服务功能。

2. 基于数据分析的学科知识服务

大数据技术根据用户在智慧图书馆内所留下的基本属性信息，如检索痕迹、借阅信息、行走路径、下载内容等行为信息，从而分析、预测读者的需求，提供有针对性的服务，这也是智慧图书馆的"智慧"之处。大数据也能进入智慧图书馆官网进行用户行为分析，预测用户对知识服务的需求，从而调查某一区域用户需求的共性和文化价值水平等。

为更好地实现内容服务，除却对用户信息的数据分析外，针对图书馆资源也有具体的分析。智慧图书馆中存储着大量的信息资源，包括纸质资料、专利信息、科学数据等资源，这也是图书馆大数据的一部分。通过大数据技术对馆内资源采集、信息检索、文件传递等业务信息进行分析，了解馆内资源配置情况，有利于整合智慧图书馆资源，推进资源的智慧化利用，优化服务流程，并为未来图书馆建设的决策或规划提供有效的数据支持。

现在国内外一些高校的图书馆还推出了移动端的APP应用，高校的教师和学生等校内用户都可以直接在手机等移动网络设备登陆校内的网络智能图书馆系统。该系统不仅向校内用户提供相关的图书文献检索、图书借阅及费用信息记录查询等相关服务,还会提供相关的电子图书期刊的在线阅读服务。同时,还会采集用户日常的书目期刊检索查询、行动位置轨迹、阅读时段等方面的信息,然后再结合用户的相关注册信息,如性别、身份(教师或学生)、年级、所在学院、专业、职称、职位等方面信息,进行聚类分析,完成对用户画像的描绘,了解每位用户的信息需求和阅读习惯。如此一来,图书馆便可根据这些分析结果,及时补全和更新最受用户关注、被检索和借阅最频繁的相关图书期刊资料,还可以根据每位读者的阅读偏好和专业知识信息的需求,推送读者可能需要或想要了解的各专业领域最新的知识信息,更好地为广大师生服务。

除此之外,大数据还能为图书馆构建全新的知识服务引擎,提供必要的技术支撑,并且在技术应用于管理的过程中还可以不断反馈信息,如果相关环境发生变化,大数据技术可以预测未来可能发生的故障并为图书馆制定相应的解决方案,提供可靠的数据参考。如今,人们对知识信息的需求不断增长,阅读需求也日益多样化和个性化。因此,能够进行资源整合和全样本分析的大数据技术必然会不断应用于图书馆的各项业务工作中,成为图书馆业务创新和未来发展的重要方向。

3. 基于数据应用的信息可视化服务

大数据中包含各种各样的信息,信息之间的关系较为复杂,通过大数据技术对这些信息进行分析,挖掘出数据中有价值的内容,然后将这些有价值的信息提供给用户,提高用户的检索效率。用户在使用过程中可以评价检索结果,图书馆根据用户的评价信息,对所提供的服务进行调整,使检索结果更加贴近用户的需求,提高用户使用的效率与满意度。将抽象的数据通过技术处理并将其转换为可以直接观看的形式,就是信息可视化,它是为数据分析、规律挖掘和决策服务的。常用的可视化技术有标签云、历史流、空间信息等。

图书馆未来的业务创新与发展方向,也应该着眼于此,而这些都建立在数据的基础上。目前,图书馆采集的数据主要包括馆藏知识数据、用户数据与工作数据。如今的图书馆在不断的建设与完善中已经经历了数字化过程,数字化图书馆占有庞大的数据库资源、电子书资源、纸质图书转换的数字资源,此外还有各类音频、视频资源,这些都属于图书馆的馆藏知识数据。这类数字资源总量巨大,并且在不断快速增长中。用户数据包括问卷调查和用户使用图书馆时产生的交互数据。用户交互数据包括用户到馆使用图书馆资源时产生的交互信息和用户在网上访问图书馆系统时产生的交互信息,如用户信息、借阅信息、咨询信息、查阅和下载的数据信息、用户访问的入口信息等等。这类信息在大数据时代已经成最重要的资源,它们是动态变化的,通过采集分析这类信息就能及时把握用户的知识信息偏好和阅读需求,及时提供用户所需服务。工作数据则主要包括图书馆内部所有员工在相关工作过程中产生并存留的数据信息。除了这些自有数据,图书馆还应该对非结构化的数据建设加强重视,可以与其他数据来源方通过合作协商的方式,采集更多与读者行为有关的数据信息,再进行整合处理,补全相关的维度标签,完善用户画像,尽可能地应用大数据技术,分析出读者在阅读偏好和服务需求方面的更多信息。

4. 基于数据挖掘的智慧服务

在如今的信息时代,人们无时无刻不在接受信息、了解信息。与此同时,人们虽然接受着来自四面八方的信息,但是由于个人精力是有限的,只能在有限的时间中接受自己所需要的信息,让自己的时间和精力得到有效利用。大数据技术正是抓住了用户的需求,通过分析用户的个人信息和日常信息的获取方式来为用户提供智能化、个性化的服务,让用户的体验更好,同时也能抓住用户的心理,为其提供更为便捷的信息获取渠道。如今的高校图书馆便是以这种形式为读者提供更加精准、便捷的服务。

图书馆作为储藏知识信息的场馆,是现代社会公共服务体系的重要组成部分。近十几年来,数字图书馆建设的步伐大大加快,图书馆所拥有的数据已经极其庞大,并且数据类型也多种多样。特别是近年来,数据量增加的速度更是从前难以想象的,目前大多数图书馆已经基本上具备了大数据的特征。大数据逐渐成为图书馆发展过程中的核心内容,图书馆自身服务水平和服务质量的提升也越来越需要使用大数据作为有效支撑。对于各大图书馆而言,文献资源的不断丰富和优化是永远不变的工作重点。同时,还要在服务上不断创新,提供更加优质的服务。优质高效的服务源自对读者阅读偏好的准确分析,为不同阅读需求类型的读者提供有针对性的个性化服务。

四、大数据时代图书馆的定位

大数据的应用将为图书馆大规模数据处理、数据分析、资源整合、开展个性化服务、提升服务能力和服务水平提供新的思路和方案。我国图书情报界学者已从不同的视角对大数据与图书馆的相关问题如机遇、影响等进行了研究。这对于推动大数据在图书馆的应用、提升图书馆的服务品质有着较大的理论价值和现实意义。

1. 图书馆的业务重点应向上游转移

传统图书馆或者数字图书馆的业务主要还是在资源利用与保存等下游部分,然而在大数据时代,图书馆仅提供下游服务已经无法推动图书馆的持续发展,应根据大量非结构化数据以及半结构化数据,如用户的信息查询行为、阅读习惯等,为用户提供个性化服务,满足用户的需求。因此,数据的收集、存储、分析、处理将成为图书馆的主要业务,即通过大数据的某些关键技术对海量复杂数据进行协同处理,再通过数据挖掘、可视化分析等形成具有情报价值和决策参考价值的服务信息,将它们提供给用户,以便用户通过图书馆获得准确、及时、有效的信息知识,实现业务与服务向上游转移。

2. 图书馆应成为数据分析与处理中心

在社会公共文化服务中,图书馆尤其是公共图书馆是其中的重要组成部分,在文献传递、社会教育、娱乐休闲等方面发挥着重要的作用。近年来,我国图书馆界的建设目标为加强信息技术的应用,延伸图书馆服务。但随着社会进入一个以密集型数据的相关分析、处理来推动社会创新发展的大数据时代,图书馆也开始与大数据结合起来,将其服务拓展到分析、处理大数据领域。如今的图书馆不再是单纯的公共文化服务机构,而是集社会公共数据存储、公共数据分析、公共数据处理、公共数据服务于一体的复合型机构,图书馆要担负起时代赋予它的重要使命。

3. 图书馆应是一个完整的网络体系

大数据技术对于图书馆的价值体现在用户服务的应用中。目前讨论最多的是数据分析、数据处理和数据服务,而这些技术的实现需要充足、大量的数据支持:既包括用户在图书馆的信息行为数据,也包括在社会场所的数据;既包括在一所图书馆的借阅行为、人际社交等数据,也包括在其他信息机构的此类数据。因此,在大数据时代,图书馆应借助可能产生对象用户数据的多个图书馆的数据支持,甚至还需要借助包括商业中心、社会服务中心、娱乐中心和工作空间等在内的信息中心的数据支持。只有图书馆间形成协调工作的有机网络体系,才能真正实现数据的共知、共享,最大限度地满足用户需求。

五、大数据在图书馆的实践方式

大数据在国外图书馆中的实践主要有以下几种:

(1)建立知识服务社区实体行为智能分析引擎。如美国HPP公司利用大数据来对用户的阅读习惯与爱好进行分析,构建知识服务社区实体行为智能分析引擎,实现对用户的个性化服务,并取得了较好的效果,这也是国内外首次将大数据应用到图书馆服务中的创新实践。

(2)开放馆藏资源。如哈佛大学图书馆将大数据技术应用到图书馆实践中,向读者展示了几十家图书馆包含书目、地图、手稿、音视频等在内的一千多万种资料,并为读者提供下载服务。

(3)积极开展大数据项目的研究。

(4)争取专项经费改善基础设施。如2009年8月,约翰霍普金斯大学图书馆得到美国国家科学基金会一项2 000万美元的资助,构建一座数据研究基础设施,对过去科研与管理过程中产生的数字资源进行管理。

(5)组建数据咨询小组,设立信息专员岗位。约翰霍普金斯大学图书馆在数据管理中,其信息专员由有相应学科背景、善于合作的馆员担任,提供协同嵌入服务以及参加文献评述、合成与数据摘录等工作。

第三节 大数据时代高校图书馆面临的挑战和问题

一、大数据时代高校图书馆的现状

从目前我国高校图书馆的整体发展来看,图书馆的信息资源建设程度还有待提升。图书馆作为各种知识信息的储备场所,拥有众多的馆藏资源,其分类也多数采用比较宽泛的分类方法,但是对于科研、学习和教学服务来讲,要想在众多的信息资源中整理出自己所需的信息具有较大的难度,存在工作效率不高的问题。近年来,随着高校互联网技术的发展,部分高校图书馆开始向信息化方向发展,将各种形式的馆藏资源通过大数据技术上传至网络,然后将不同形式的内容通过科学的整合,以动态的形式提供给读者。此外,高校图书馆对信息资源的采购逐渐增加,高校图书馆的信息资源建设也逐渐完善,这成为高校图书馆发展的重要趋势。与此同时,由于读者水平参差不齐,无法实现信息资源在教学过程中较好利用,因此,提高读者信息素养成为如今信息资源建设中新的问题。

目前,高校图书馆整体的信息资源建设缺乏统一的规划布局和完善的体系,多为机械的简单重复,而且采购的信息资源缺乏一定的特色。另外,高校图书馆建设的重点依旧在传统的纸质图书的采购中,信息资源的建设水平较低,不能满足高校学科建设和科研活动的需要。此外,目前高校图书馆的信息技术人员、大数据技术人员较少、专业素质不高,高校图书馆信息资源的发展还有待提高。

二、大数据时代高校图书馆面临的挑战

随着大数据时代的来临,大数据在各领域中的应用变得十分广泛。要想实现大数据在图书馆中的应用,就需要了解大数据时代给高校图书馆带来了哪些挑战。

1.数据增长给储存能力以及计算能力带来的挑战

随着信息科学技术的不断发展,人们对数据的使用与保存成本逐渐降低,成本降低使得数据资源急剧增长。新的数据资源信息技术使得数据类型也逐渐增加。数据中的非结构化又增加了大数据的复杂性。但是通过大数据的应用,可以发现社会以及科学应用中极具挑战性的问题,同时有助于推动以大数据为基础的科学研究,能够帮助图书馆形成新的服务模式。如今的数据中心技术难以满足大数据的应用及知识服务需求,因此很有必要对整个知识服务框架进行改革。

首先,存储能力的增长远远落后于数据量的增长,设计最合理的分层、分级存储架构已成为信息资源管理及知识服务体系的关键。其次,移动互联网技术的完善,使得数据移动较以往更为频繁,而数据的移动亦成为信息资源

管理最大的开销,这就促使知识管理从传统的数据围绕着计算能力转,转变为计算能力围绕着数据转。最后,高通量计算机、高可靠性、高可扩展性、高可用性的规模、语义、统计及预测性等数据分析技术、新的数据表示方法等都是亟待解决的技术问题。

2.增加分析的深度与广度带来的挑战

在图书馆知识服务体系创新与完善中,数据分析是不可或缺的支撑点。通过数据分析,不仅能够了解图书馆在提供知识服务过程中发生了什么,还能对图书馆在知识服务中可能发生什么作出预测与分析,能够使图书馆及时地对未来可能发生的危机做出应对措施,提前做好主动准备。值得补充的是,这些分析操作除了常规分析外,还包括数据关联关系分析、时间序列分析、大规模图分析、社会网络分析及移动平均线分析等广度及深度分析等。

3.基础设施升级带来的挑战

非结构化数据以及数据量的不断增长,使得计算机对数据的存储与计算规模不断增加,计算数据所产生的成本也逐渐增加。考虑到成本的问题,越来越多的知识服务机构开始将高端服务器转向中低端硬件构成的大规模计算机集群,对数据处理与存储的设备也提出了更高的要求:第一,需要将存储、计算需求分布到为大规模分布式数据密集型应用而设计的基础设施中;第二,需要拥有经济高效的存储与计算能力来获取、存储和分析TB、PB级别的数据,并拥有足够的智能分析能力来减少数据足迹(如大数据压缩、自动数据分层及重复数据删除等);第三,需要拥有可快速将分块的大数据集群复制到集群服务器节点进行处理的网络基础设施;第四,需要拥有保护高度分布式基础设施和数据的可信应用体系的软硬件基础设施;第五,需要拥有熟练操作基础设备设施的图书馆员也是挑战之一。

三、大数据时代高校图书馆面临的问题

相关研究表明,即使是现在数据增长迅速的大数据时代,仍有80%以上的数据未得到有效利用,许多数据资源并未完全发挥其作用,没有形成真正的知识源。如今国内外的图书馆已经开始逐渐引进大数据技术,这是一种创新性的实践。通过引进大数据技术,我们可以发现,在关注每一个具体图书馆的结构化信息资源需求的同时也能够令非结构化数据分析变得高效可行,

能够实现图书馆的知识横向扩张,满足用户急剧扩张的知识需求。作为一个新的尚未开发的信息源,非结构化数据分析可揭示之前很难或无法确定的重要相互关系。大数据与图书馆的结合作为图书馆发展的一项技术推动战略,旨在获得更加丰富、深入和准确的用户、知识运营者以及知识服务洞察,满足读者的需求,从而提高图书馆的核心竞争力。与以往传统的图书馆运营模式相比,大数据的应用能够使图书馆获得最新、最全面的信息,能使图书馆快速地作出决策,把握最新的服务发展趋势,抓住新的知识服务机遇并对其发展方向进行调整。

为了推动大数据在图书馆中的应用,提高图书馆的服务能力,降低其服务成本,有必要对大数据时代高校图书馆发展过程中面临的问题进行分析,其中,有以下三个问题需要图书馆管理人员注意。

(1)随着图书馆所拥有的数据量不断增长,其数据分析比例在不断地降低。因此,如何利用大数据所带来的技术优势与数据分析方法来有效提高图书馆的数据分析比例,加强数据资源在图书馆知识服务中的辅助决策能力,成为目前需要解决的重要问题。

(2)就大数据在图书馆中的应用而言,图书馆管理人员对数据的重视程度并不高,还未认识到大数据在图书馆发展中的重要作用。管理人员缺乏将数据信息转换为知识的意识,对数据的持久化处理以及深度分析缺乏一定的技术与解决方案。

(3)图书馆与管理人员如何认识、管理和分析其所拥有的各种结构化、半结构化和非结构化数据,如何建立软硬件一体化集成的大数据综合解决方案、数据及知识获取、存储、组织、分析和决策的大数据解决方案,成为急需解决的问题。

如今大数据在图书馆中的应用并不广泛,图书馆在运用大数据的过程中,需要一定的技术支撑,因此,在技术方面必须解决以下问题:

(1)哪些数据应该属于大数据的范畴,应该被分析及预测?

(2)待分析的数量巨大且非结构化的静态和动态数据是否真的具有所需要的价值?人力、物力、财力的投入回报是否符合图书馆的发展规划?

(3)非结构化数据缺乏固定结构,受数据来源、类型、时间及空间等因素的影响,非结构化数据呈现出不同特征及表现方式,也需要采用不同的数据获取、存储、组织、分析及决策技术,如何依据机构自身的数据特性,选择合适的、有针对性的大数据技术?

(4)很多数据的可用周期很短,且属于不同领域、不同时域或不同地域,怎样对其进行有效的整合、集成及分析?

(5)什么时候以及如何在已有的数据获取、存储、组织、分析和决策流程中加入大数据技术的支持?

(6)大数据解决方案与传统的信息资源管理、信息服务方式、知识创新模式、数据存储和分析技术之间的区别及关系是什么?

(7)哪种场景更适合大数据解决方案?

(8)大数据解决方案是进一步完善还是完全取代传统信息资源管理、信息服务方式及信息处理技术?

第四节 大数据在高校图书馆应用的基本框架

在信息技术发展迅速的时代背景下,新技术能够使图书馆服务更加精彩,但同时信息传递的便捷迅速会对图书馆产生一定的影响。因此,我们要处理好新技术与图书馆之间的关系,利用好新技术。在图书馆中正确应用大数据就需要将"角色定位、服务转型、文化编织"这几个图书馆发展的核心思想贯彻到实际的工作中,要打破传统的图书馆理念,增强图书馆的服务职能。在图书馆中,大数据的使用价值并不在于储存了多少数据,而在于能够得到多少有用的信息,只有提升图书馆的服务理念,这一价值才能够得以体现。基于这些内容,相关学者提出了图书馆中应用大数据的基本框架。

一、人才方面

大数据是如今较为前沿的技术,在多学科领域内均有应用,因此大数据的发展需要既有大数据技术又具有跨学科背景的专业人才。而目前我国的教育模式中缺乏对相关人才的培养,人才的欠缺是如今我国大数据在高校图书馆发展的首要问题。对于这一问题,可以从以下几个方面来分析。

1. 因人而异,有针对性地培养

高校图书馆的相关领导要发挥知人善任的才能,根据本馆人员的实际情况,结合其专业背景与能力,针对性地去培养;对云计算、物联网、移动互联网、大数据等专业知识有理论专长的,就从技术层面去加强;对信息科学、心理学、管理学等其他学科知识有一定了解的,就从专业服务员的方向去发展等。

2. 交叉互补,挖掘多能型人才

对有实践经验的馆员增强其研究方法的学习,对懂研究方法的馆员增强其专业知识的学习,将其培养为多能型人才。

3. 争取条件,引进人才

高校图书馆要抓住发展的各种机遇,通过创造良好的内外环境,来吸引相关人才的加入,尤其是大数据人才的加入。

二、资源方面

大数据对高校图书馆的发展能够产生较大的影响,读者在图书馆中的借阅行为与方式都会发生一定的改变。随着大数据的发展,读者的学习、研究和工作开始借助搜索引擎来完成。如何收集和管理图书档案信息,实现对图书的利用,是高校图书馆在发展过程中首先要解决的问题。

(1)图书馆系统有海量的门禁数据、传感器数据、RFID数据及借还数据等,我们可通过借阅数据的类目排列得出图书的利用率来进行整合,也可采用RFID实现文献资源的跟踪分析,进而根据用户个性化需求来实现整合,还可利用传感器数据进行预测性分析得出读者最喜欢或最需要的或者哪种环境最适宜读者取阅的来实现整合。不管哪种方式,整合的结果就是将利用率高的、受读者喜欢的、最需要的文献安排在方便取阅、位置好、光线好且各种条件俱佳的楼层,将利用率不高的安排到密集书库,将那些"无人问津"或者残缺不全的旧书进行打包剔旧。整合目的在于更贴近读者,满足读者的需求。

(2)信息化时代下,各种信息资源呈现爆炸性增长,人们获取信息的数量和质量得到了提升,接收信息的方式也发生了巨大的变化。信息的数字化发展,增加了人们获取信息的便捷程度,通过相关数据分析我们可以发现,人们对数字化信息的使用逐渐超过对纸质信息的使用。尽管图书馆档案信息化已得到了一定的发展,人们所接触到的数字信息也逐渐多元,但是"数字革命"还具有很大的发展空间。图书馆档案信息化不仅是对已有的图书档案进行信息化处理,同时也是对各种电子信息进行收集,在资源信息化的基础上实现资源共享。总之,图书馆电子资源的数字化就是信息资源数字化、信息传递网络化、信息利用共享化、信息提供知识化、信息实体虚拟化。因此,图书馆要抓住大数据的机遇,将数字化、信息化进行到底。

三、技术方面

如果说云计算为数据资产提供了保管、访问的场所和渠道,那么如何盘活数据资产,使其为国家治理、企业决策乃至个人生活服务,则是大数据的核心议题。然而,我国图书馆现有的信息技术难以满足大数据存储、分析等各项要求。如何把握大数据带来的技术优势与分析方法,有效提高图书馆智能决策能力是图书馆在新形势下的一大难题。

1. 基于 NoSQL 解决数据异构集成

NoSQL 就是 Not Only SQL 的缩写,即非关系型数据库。作为近年来兴起的非关系型数据库,NoSQL 通常采用分布式、集群化的数据存储模式,主要用于大规模结构和非结构化数据存储管理,具有大容量、高性能、高扩展等特性,并具有良好的 MapReduce 支持。因此,用它来解决大数据环境下数字图书馆种类繁多、事先无确定模式、异构数据占绝大多数的数据存储问题是一种非常好的技术支撑,也有助于数字图书馆之间的合作与信息共享。

数字图书馆的异构数据采用 NoSQL 作为中间件技术集成,无须像基于关系模型的异构数据集成技术那样要先把异构的数据整合转换成一个统一的格式,那样会造成数据的丢失和部分失真,而是直接通过分权分域管理,将各数字图书馆传送来的异构数据进行包装,并存放于 NoSQL 集合中,然后对外提供一致的数据访问服务。

2. 基于概念层次网络的文献知识元检索

概念层次网络(Hierarchical Network of Concepts,HNC)是面向整个自然语言理解处理的理论体系。该理论在深入挖掘汉语特点的基础上,以意义表达和语言理解为主线,建立了几种模拟大脑语言感知过程的自然语言表达模式和计算机理解处理模式,在汉语语句理解方面达到国际领先水平,并已获得国家发明专利。HNC 概念符号含有大量的语义信息和不同概念之间的横向和纵向关联,使得知识元之间具有一定的语义链接,而知识元是指相对独立的表征知识点的一个元素,它可以是一段文字、一幅图表、一个公式等。

全文检索、数据检索和语义检索是图书馆主要的检索技术,全文检索和数据检索是目前国内图书馆主要采用的检索方式,属于传统的检索方式。这两种检索方式主要是对关键词词义进行简单匹配,而不去考虑语义方面的内容,搜出来的结果虽含有关键词,但是内容却与关键词无关的情况,因而其查准率与查全率会较低。而语义检索能够填补这一部分的缺失,语义检索也叫知识检索,是一种基于知识的语义分析检索方式,是在自然语言理解、计算机语言学发展的基础上产生的,对语义的检索能够提高查准率与查全率,能够较好地满足用户的检索需求,也是未来信息检索的主要发展趋势。

通过对各种检索方式进行分析,结合图书馆在大数据时代所面临的各种问题,更推荐基于 HNC 的文献知识检索方式,也就是在知识元检索的过程中引入 HNC 理论,与上文所说的语义检索本质上是一样的。其操作过程为:先将待检索文献中的主题词或词对作为知识元内容,以 HNC 符号表示特征词,然后运用依存句法分析和 HNC 理论将知识元提炼出来,建立知识元之间、文献之间的链接关系,再针对搜索结果提供相似文献、同类文献、文献来源等链接,最后利用 HNC 的语义特性选择符合用户需要的链接从而实现知识元检索。

3. 基于公钥基础设施技术保护读者隐私

公钥基础设施(Public Key Infrastructure,PKI)是一种新的安全技术,采用数据加密和数字签名来实现用户身份认证,并在开放的互联网环境中提供一体化服务的非对称加密法。它由公开密钥密码技术、数字证书、证书发放机构(CA)和关于公开密钥的安全策略等组成,是目前比较成熟完善的网络安全解决方案。国外一些大型网络安全公司纷纷推出一系列基于 PKI 的网络安全产品,如美国 Verisign、JBM、Entrust 等安全产品供应商为用户提供了一系列的客户端和服务器端的安全产品,为电子商务的发展提供了安全保证。

在大数据的发展过程中,图书馆通过引进 PKI 技术来保障读者的隐私安全,是未来图书馆的发展趋势与高级阶段,其过程主要为:每个用户首先向数字图书馆认证中心申请以获得公钥,生成自己的密码对,当需要使用有关信息服务时,将数字证书用自己的私钥和论证中心的公钥加密后发送至论证中心,论证中心收到后进行解密,确认用户合法身份并签名,签名后的数字证书被加密后传给用户,用户用该数字证书作为身份证明向图书馆申请使用相应服务,从而令读者的隐私得到一定程度的保护。我们有理由相信:网络技术的发展虽带来了一些新的社会问题,但同样也会为保护隐私提供更先进的技术。未来图书馆在加强隐私自律时,也应加强网络基础设施建设及信息安全技术的开发应用,为保护读者隐私作出努力。

4. 采用数据的合并与清理解决取舍问题

如今数据的发展极为迅速,图书馆虽然拥有众多的资源,但是其中包含很多冗余数据。数据的增多为数据管理工作带来了极大的困难:一方面对于更为重要的数据,数据中心已经没有足够的空间来备份;另一方面,数据的冗余增加了数据管理工作量,为其备份、传输工作增加了很大的负荷。因此,为保证大数据在图书馆的应用,很有必要对数据进行合并与清理,提高数据处理效率。

在图书馆数据的合并与清理工作中,对书目数据的合并与清理是其中的重要组成部分。对书目数据中进行数据的合并与清理就是对数据中系统误判的重复书目与内容进行合并,解决了同一书目重复记录、同书异号、异书同号的问题,通过对书目数据的合并与清理,还可以发现编目数据中出现的错误。其工作内容主要为:首先要对图书馆数据合并后的重复记录进行删除;其次要对书库中没有对应的馆藏条码进行删除;再次要对资源中重复的出版年份和责任者记录进行合并;最后是按书号对内容进行排序,解决异书同号的问题。

四、服务方面

随着大数据的发展,人们的阅读习惯也逐渐发生了改变,图书馆中传统的服务模式已经无法满足人们的需求,尤其是随着知识服务逐渐成为图书馆的发展趋势的情况下,用户对图书馆提供的服务提出了更高的要求。因此,图书馆需要对其服务模式进行转型,将满足读者需求作为提供服务的重要理念,有效利用大数据技术来提升图书馆的服务水平,满足用户的多元需求。

1. 基于"个人门户"概念开展个性化信息推送服务

个人门户就是以个人为中心的互联网入口网站,它能够提供多样化的服务来供用户选择,将各种数据与网络资源汇集到信息管理平台中,将其适合用户的个性化页面布局展示出来。中国互联网服务商 1616.net 于 2010 年 11 月正式推出了个人门户概念,成为中国传统的网址导航领域服务创新过程中"第一个吃螃蟹的人"。

如今,随着大数据的逐渐发展,大数据在高校图书馆中的应用开始逐渐出现在人们的视野中。根据美国研究图书馆学会的调查,国外许多研究型大学图书馆已经建立了自己的数字图书馆门户,其中包括哥伦比亚大学、加利福尼亚大学圣迭戈分校、康奈尔大学、麻省理工学院、华盛顿大学等。国内有条件的高校图书馆在近几年也纷纷开展了基于"门户"的个性化服务。例如北京师范大学图书馆 Metalib+SFX 统一检索型数字图书馆门户、北航图书馆 TRS 搭建数字图书馆门户等。

实践证明,通过个人门户平台,图书馆能把最快、最有价值的信息聚合起来,从而使用户不必再浪费时间做网上"冲浪",不必再忍受信息爆炸和闪烁广告带来的烦恼,就能实现所有互联网信息的"一站式"阅读体验。高校图书馆作为以研究为基础、服务为主导的学术研究型图书馆,其"个人门户"式的信息推送服务就是基于读者行为习惯的组合式网页终端自适。具体来说,利用个人门户平台,图书馆可以开展图书预约通知、文献邮件传递、在线参考咨询等业务信息推送。例如,有人习惯访问中国知网,主页就将中国知网的信息首先推荐给用户。图书馆还可根据读者以往的借书记录,经过相似分析过滤后将本馆相近或同类的,特别是新到的同类图书推荐给读者,此举非常人性化。

2. 设立信息专员岗位开展知识服务

从学科馆员到信息专员,不仅仅是名称的变化,更是服务模式的转变。信息专员更强调"嵌入式"的知识服务,强调将学科馆员的服务与目标用户及其需求过程紧密结合。信息专员在合作项目中的具体工作有以下四项:一是协助和参与多种服务,包括为各用户定制相关数据信息、信息管理、电子资源试用等;二是协同嵌入服务,即与合作方在深度项目上进行协同,包括从事深度文献检索、经费支持下的协同、建立数字门户和用户专用研究间等;三是文献述评,即参与研究的各阶段,演示文献信息检索与调整评价文献、合成与数据摘录等,并最终形成可检索的数据库;四是实践指南,除了提供文献支持外还为员工创建一个引文管理数据库,方便项目组成员使用。信息专员好比是为科研团队打造的"信息专家",能更好地为科研团队提供信息服务。

3. 文献传递与快递服务

近几年来,馆际互借和文献传递是图书馆向读者提供的两种常规服务项目。馆际互借是图书馆之间根据协定相互利用对方馆藏以满足本馆读者需求的文献外借方式。而文献传递服务则通常是指图书馆向其最终用户提供文献的一个完整过程,包括明确的表述、发出请求以及对文献的物理和电子提供过程的管理。可见,文献传递是馆际互借服务的进一步发展与细化。

随着大数据的发展,人们获取信息的方式逐渐多元化,对信息形式的需求也逐渐多元,电子文献可能已经无法满足人们的需求。因此,图书馆可以向物流借鉴学习,将文献资源物化,并送到需要的人手中,如高级职员、残障人士、教师等。这种个性化的服务不仅能够满足读者多样化的需求,还能够拉近图书馆与读者之间的距离。

4. 嵌入式教学服务

高校图书馆不仅是文献资源服务中心,还肩负着教育的职能。用户的信息检索技术、获取知识的能力、信息评价和利用能力等直接影响其利用图书馆的状况。如将信息素质教育"微化"嵌入教学课程中,能有效提高用户利用图书馆的基本素质、应用素质及综合素质,增强用户对信息的分析、评价和再利用能力,从而充分发挥图书馆服务职能的附加值。

五、管理方面

大数据对图书馆管理也产生了深刻的影响,它所具有的区域间、行业间、部门间的穿透性正在颠覆着图书馆传统的、线性的、自上而下的管理模式。

随着社会的不断发展,人们的需求与生活模式发生了巨大的改变,通过对图书馆进行研究发现,部分管理模式已经不适应当下图书馆的发展,需要对其进行改革,可以从两方面展开。

1. 从采访数据中提取核心书目

这是从管理的角度对文献资源采访提出的新要求。面对海量数据,文献资源采访的现状令人担忧：一边是经费捉襟见肘，一边是30％的图书被闲置。为改变这一现状，有相关人士提出从采访数据中提取核心书目并建立核心书目评价机制。这种评价机制主要包括以下内容。一是出版社评价得分：出版社的市场占有率、分类图书品种市场占有率、出版社综合排名等，约占20％。二是作者评价得分：以往著作在图书馆的借阅率、被引用情况、专家及读者评价等，约占40％。三是责编评价得分：责编的专业水平、获奖情况、著作销量等，约占10％。四是版次评价得分：版次越多，理论上质量越好，约占10％。五是其他评价得分：图书是否被列为国家重点出版项目计划、媒体推荐、装帧等，约占20％。可通过这五方面的综合数据来评判这本书是否可进入核心书目，从而建立一套完整的核心书单，供采访人员参考。

2. 协同合作

在大数据时代，为实现资源共享、风险降低、优势互补，图书馆在发展过程中有必要开展广泛合作，建立与其他行业之间的密切往来关系。这种合作关系不限于各图书馆之间的合作，还包括出版界、学术研究者、基金项目等其他社会领域的共同参与。

六、基础设施方面

经费支持是图书馆得以发展的基础，同时也是制约图书馆发展的重要因素之一。国外有的图书馆经常能够获得大量的经费来支持设施建设，一方面是因为国外的部分合作方具有雄厚的经济实力，并愿将其投入图书馆的建设与开发中，另一方面是国外图书馆具有较强的合作与服务意识。而在国内，图书馆的发展主要依靠财政支持，与其他行业之间的合作意识较为淡薄，基础设施的建设较难跟上时代的发展。因此，我国图书馆的发展可以借鉴国外图书馆的发展经验：首先，要对图书馆进行多元化的定位，改变以往单纯的阅读场所定位；其次，要改变图书馆的服务模式，以个性化的服务来吸引用户；最后，要积极争取经费以及社会资金的融入来改善基础设施。

信息技术的快速发展，使我们由信息贫乏期进入信息过载期。在如今图书馆的海量资源中，虽然在数据的存储、分析等方面仍存在一定的问题，但不可否认的是，其中并没有坏数据，只有对数据的不合理使用。我们要学会运用从自发到自觉、从局部到整体、从微观操作到宏观管理的方式去应对大数据带来的各种困惑和挑战。如今大数据在我国图书馆的应用是一项系统工程，是需要建立在一定大数据技术基础之上来完成的，因此，在大数据技术发展到一定高度之前，大数据在图书馆中的应用还需要进一步的磨合。

第五节 大数据时代的图书馆学研究

一、大数据对图书馆学研究的影响

图书馆学自诞生以来，就引起了相关学者的关注，并围绕图书馆学的现象与本质、发展等问题进行了持续的思考和研究，并逐渐形成了独特的研究范式与方法。随着科学技术的发展以及用户需求的转变，图书馆也会逐渐发生变化，其图书馆学范式也会随之发生变化。目前，人们已经充分认识到图书馆学所产生的价值，认识到图书馆学的基础理论在图书馆发展中的重要价值，并对其进行了深入的研究，产生了很多与图书馆学相关的研究成果。关于图书馆学的研究范式有很多种，就目前已经发表的文献研究来看，主要可以分为三大类别：学理性、人文性和技术性。每一项大数据技术的出现，都会引起图书馆界的关注与共鸣，大数据技术给图书馆带来的影响逐渐加深，图书馆学研究范式开始逐渐由学理性转向技术性。大数据时代的来临将会给图书馆的发展带来巨大的影响，为图书馆的发展开辟新的发展方向。那么，如今的大数据时代，对当前图书馆学研究产生了什么影响？在这种影响下，图书馆学研究会有哪些新的动向？这是在大数据时代下研究图书馆学的相关学者应该正视的问题。

1. 对图书馆学范式的影响

大数据时代的来临，将会对多个领域产生影响，就目前科学领域来讲，科学研究范式已经发生了变革：起初是观察，然后是理论，接着是计算和模拟，现在是理解海量数据和信息。在大数据时代以前，人们将学术活动分为四个阶段：灵感（Inspiration）、构思（Formulation）、分析（Analysis）和成文（Documentation）。而随着大数据时代的来临，科学学术活动增加了第五个阶段——加强学术资产的重用性（Preparation of Research Assetsfor Reuse）。

大数据时代的来临将会改变以往传统的科学研究方式,驱动产生一套新的方式,学者可以利用共享数据来加深自己研究的深度与广度。目前,人类已经在数据共享上取得了初步的成果,其中的关联开放数据(Linked Open Data)就是一个很好的实例。随着大数据时代的来临,多数国家和政府都意识到大数据在未来发展中的重要作用,对大数据的分析和处理产生了迫切需求,并开始着手进行大数据的研发计划,在研发过程中,也会产生大量的数据。

大数据对科学领域范式产生了重要的影响,关联科学(Linked Science)成为一种新的科学研究支撑范式。科学研究范式的变化在一定程度上也会对图书馆产生影响。图书馆是知识文化的中心,同时也是学术交流的中心,各个领域内的数据是图书馆的重要组成部分,特别是科学研究数据和元数据将成为分布式、整合式数字图书馆的"主力军"。数据范式将成为一种新的图书馆学研究范式,图书馆界的学者应当适应这种新科学研究范式,积极开展图书馆与大数据的相关理论和实践研究,探索图书馆应用大数据的可行方案,跟上大数据的时代潮流。

2. 对图书馆学学术交流产生的影响

大数据时代的来临使得科学数据的产生和积累迅速增长,同时也改变了科研人员对数据的获取方式和交流方式。在大数据时代,科研人员可能更青睐于网络数字资源,除在传统纸质刊物发表研究成果外,微博、SNS网络虚拟社区、开放获取等网络平台成为较为便捷的学术交流方式,网络"灰色文献"成为科学研究重要的参考信息源之一。面对大规模的海量数据,如何建立和完善更多元、深刻的学术交流体系显得日益迫切。图书馆是文化知识的集中地,是为社会提供文化知识服务的中心。图书馆在传统的学术交流中具有重要作用,能够发挥其独特的优势。但是大数据时代的背景下,人们对数据的获取方式产生了重要的变化,也对图书馆学的学术交流模式产生了重要的影响。数字文献和数字出版成为数字化市场新的转折点,开放获取期刊、机构知识库发展迅速,数字流通逐渐成为大数据时代的主流。从大量的数据中分析其潜在的价值将成为大数据时代图书馆的一大主要业务。在新的学术交流体系形成之际,图书馆应认真思考和研究大数据时代下的学术交流模式,营造支持科研创新的知识服务环境,建立集数据和文献于一体的新型数字图书馆,并尝试实践数据与信息融合的互操作平台,使学术交流的全过程可以在大数据的开放环境中进行,提高科学研究的成效。

二、大数据时代图书馆学研究的新动向

1. 图书馆学研究的新范式——数据范式

经验范式、理论范式和模拟范式是人类社会发展过程中逐渐形成的科学研究范式。而如今在信息技术与互联网迅速发展的推动下,社会产生了大量的数据,被称为"大数据"的新科学基础设施逐渐形成,从事科研活动的科学家和学者们将数据视为科研活动的新对象和工具,在大数据的基础上从事科学研究。于是产生了一种新的科研模式——数据范式。所谓数据范式,是指先将获取和生成的大量数据经数据处理后存储在超大容量的计算机中,科研人员运用数据管理的原理和方法对大数据库进行数据分析和挖掘,形成新数据库,并据此产生新的思维,研究出新的科研成果。图书馆学研究常常处于新信息技术的风口浪尖,必然会受到波及。大数据时代的来临将促使图书馆学研究范式的改变,在学理性、技术性、人文性等范式的基础上形成新的图书馆学研究范式——数据范式:图书馆学研究包含大量的理性思维过程,学理性范式是图书馆学研究的基本范式;图书馆学研究要紧跟新时代,技术性范式代表图书馆发展的新阶段;图书馆学研究要弘扬人文品质,人文性范式是图书馆学研究精神属性的归宿;数据范式则是当下大数据环境中图书馆学研究范式的新思维模式,标志着图书馆学研究即将迈入一个新的时代。从大量的数据中分析、提炼和挖掘出有价值的信息进而提升图书馆的服务水平,是大数据时代下图书馆的主要业务之一。

2. 以问题为导向的研究——图书馆需要哪种大数据

问题意识是各领域发展中必要的内容,只有明确发展过程中的问题,才能够对症下药,实现良好的发展。有学者认为,我国的图书馆学缺乏一定的问题意识,要想实现我国图书馆学的迅速发展,必须要树立问题意识,明确图书馆学在发展中存在的各种问题。

大数据时代给图书馆的发展带来了机遇,同时也带来了一定的挑战。尽管如今我国对大数据在图书馆中的研究已经初见成效,产生了一定的研究成果,但是仍然存在一些问题。目前,我国大数据在图书馆中的应用出现了一

些质疑的声音,对图书馆界研究大数据的科研水平与技术水平产生了怀疑。比如,常常会被问到下列问题:究竟什么是大数据,图书馆哪些数据可称之为大数据?大数据能给图书馆带来什么好处?图书馆学者研究大数据有无价值?图书馆如何正确认识和把握大数据的潜在优势?如何提高大数据分析能力和服务水平?图书馆如何建立软硬件一体化集成的大数据综合管理方案?大数据解决方案与图书馆的知识创新和服务模式、数据存储和分析技术有什么必然的联系……在大数据时代中,人们对大数据在图书馆中的应用产生质疑是正常的,图书馆学者在对图书馆学进行研究时应以这些问题为导向来进行研究。图书馆界的相关学者在开展研究时不能盲目跟风,要根据实际情况选择合适的方向进行,要有自己的主见和思考,要清楚图书馆需要什么样的数据这一问题。大数据在图书馆的应用会遇到很多问题,这需要图书馆界的学者在研究的过程中不断地进行探索和实践。

3.以服务为基石的模式——图书馆用户服务模式

在大数据时代下,图书馆的发展要以服务为基石,图书馆各项业务的开展都应围绕满足用户需求的宗旨,即使是从事科研活动的图书馆也是如此,尤其是研究型的图书馆。大数据在图书馆的应用能够增加服务的准确性,因此,除了如何提高图书馆的服务能力与水平的问题外,如何提高图书馆的数据处理能力与分析能力也是未来图书馆学研究的重要内容。解决这一问题的关键是要努力构建功能较强的科研数据管理平台和科学的科研用户服务模式,以实现图书馆科研用户服务能力的提升,推动图书馆事业的可持续发展。如今图书馆的数量逐渐增多,图书馆的分类也更加细化,科研数据的数量也在不断增加。构建有效的科研数据管理平台和科学的科研用户服务模式,对于保护数据免于丢失、实现科学数据交流和共享、节约科研成本等具有积极的意义。

首先,图书馆应承担起科学数据组织的职责。研究人员的科研数据除保存在相关学科库之外,建立机构仓储是另一重要的选择。机构知识库的设想是保存机构成员的研究成果,并提供出版机会,既有存储的功能,又有检索和服务的功能。其次,较重要的是图书馆应提供科研数据分析服务,这是构建图书馆科研用户服务模式的关键一环。科研数据分析服务是图书馆开展科研用户服务的基础,是大数据时代下图书馆科学数据服务的发展趋势之一,融会了更多的智力活动。图书馆进行科研数据分析,将科学数据进行关联,帮助用户更好地利用数据。因此,图书馆特别是研究型图书馆的未来发展之路应该是努力构建嵌入科研一线的知识化科研用户服务模式,这种知识服务模式更加强调图书馆必须更为直接地服务于科研人员。

4. 关注大数据时代的数据引证研究

对信息计量和网络计量的使用是大数据对图书馆最明显的影响,实现了图书馆资源理论与应用研究的融合。在大数据的影响下,图书馆学的研究方向更趋向于数据引证研究,相关研究人员在未来的研究中要更多地关注这一研究方向,这也是如今国际图书馆学研究的着眼点。目前,越来越多的国际组织开始进行多种形式的数据引证研究,但与图书馆学信息计量学相关的文献还很少。数据引证促使图书馆学信息计量分析必须深入具体的知识单元,研究人员在进行图书馆学数据引证研究时,也必须认识到数据复杂性的客观现实,对大数据的复杂性有更为深刻和成熟的认识。数据引证研究是循序渐进的,研究人员需要及时发现问题,及时解决问题,从而推动研究的持续和深化。着眼于未来,图书馆学数据引证研究将更为深入和成熟,这也是图书馆学研究新动向的一种体现。

第二章 高校图书馆档案管理的技术保障

第一节 信息技术对高校档案管理的影响

一、拓宽档案管理职能

(一)提高高校档案管理的信息传递

21世纪是一个网络盛行的时代,是一个信息技术引领的时代。为了更好地顺应社会潮流,满足时代发展需求,建设现代意义的校园成了目前高校发展的主要方向。随着信息技术在高校中的引进,办公自动化和电子政务不断推行,大量的电子信息文档衍生而来。在高校档案管理过程中,大部分文件被信息技术数字化后录入计算机,并由档案管理人员通过相关软件对其进行分类、整理、价值鉴定和著录标记等,与此同时,每份文件都有相关的特征信息标注以便于以后更快、更准确地查找和检索。随着大量电子档案的保存,高校档案管理工作室基于档案文件管理身份的同时演变成了信息管理中心。其优点在于,可将公示性文件放置在校园内部网络平台上,实现档案资源的共享,在提高工作效率的同时,清晰化每一位使用者对档案管理的认知,并为其提供快速、准确的服务。这样,在实现高校档案管理应有功能的同时进一步凸显了枢纽功能。

(二)为高校的宣传教育提供支撑

高校档案是高校发展过程中形成的原始数据,包含教学、管理、师资、科研、文化等多方面的内容,能够反映高校领导层、教师以及学生的行为,此外,探究报告、科研等方面的记载能够体现该校的教学成果和文化底蕴,为高校日常工作的开展提供相应的依据。信息技术在高校档案管理工作当中的应用,可使其记载信息更为原始地呈现,显示其在宣传教育方面的支撑功能,如档案实物展示、专题讲座举办、知识竞赛等。除此之外,信息技术还可将其在宣传教育方面的支撑功能融入人才培养和科研活动当中,为广大师生提供更为直接、便利的服务。如在课题研究、产品研制、学术论文撰写过程中,开通相关资料信息的网络查询功能,为师生相关活动的开展提供教学、科研等方面的成果信息,以发挥高校档案管理应有的作用。主动搜寻、发掘、收藏档案中的特色信息,继而有针对性地进行规范、整理,从而发挥档案管理的宣传教育功能。

二、加快档案管理工作建设

(一)促进高校档案管理的公正化、透明化发展

信息技术在高校档案管理工作当中的应用,可通过在对校园日常事务管理的基础上建立档案信息平台,并在此平台上设立信息公告栏,就学校的教学特色、办学条件、招生章程、教师任职资格、就业和出国要求等信息进行展示,从而使教师和学生更为清晰地了解与自身相关的信息。通过这种方式不仅能够明确高校档案管理功能,同时还能促进高校档案管理的公正化、透明化发展,提升高校档案管理的服务性和专业性,在一定意义上讲,这也有利于高校档案管理服务水平和能力的提高。

(二)促进高校之间的资源共享

档案管理工作的最终目的是让档案信息能够更好地为人们的生活、工作服务,使信息获取者能够便捷、迅速地获取到自己所需的完整、准确的信息。随着经济的快速发展,社会产生了大量的档案信息,增加了信息管理的难度,同时使用者对信息的获取也提出了更高的要求。因此,促进档案资源的信息化建设,是档案信息发展的必然趋势,也是目前各高校努力的方向。档案的信息化包括档案的数字化和档案的网络化,借助信息技术将档案资源上传至网络,不仅便于人们对档案信息的获取,还能够促进高校之间的资源共享,将各高校联系起来,促进彼此之间的信息交流,为师生、科研人员的工作提供了极大的便利。

(三)提高档案管理的工作效率

高校通过档案信息化建设,提高档案管理的工作效率。这主要表现在:

首先,将档案进行信息化处理,能够有效减少档案的储存空间,延长档案的使用时间,减少对破损、混乱的档案的整理;其次,将档案进行信息化处理后,可以利用计算机软件对档案信息进行管理,减少档案管理工作人员重复性的枯燥工作,提高其工作效率;最后,将档案进行信息化处理,能够有效提高档案管理人员的查询效率,为其提供便捷的服务,提高档案管理工作的效率,同时还能更好地为用户提供服务。

三、完善档案管理的服务

(一)为高校档案管理的服务奠定技术基础

以往的高校档案管理,主要是对纸质档案的收集、整理和保管工作。随着信息化时代的发展,人们对档案信息化的重视程度逐渐增加,高校档案信息化建设也逐步推进。随着档案信息化建设开展,传统的纸质档案开始被电子档案代替,收集档案的深度和广度也逐渐提升。档案信息化建设能够为档案的发展提供技术基础,使人们对档案信息的检索、查阅更为便捷,提高高校档案管理的服务功能。

(二)使高校档案管理的服务更人性化

信息技术在高校档案管理工作中的渗透拓展了其管理工作的人性化服务空间。信息技术是对高校档案管理工作影响最大的因素之一,因其扩展了高校档案的保存形式,才使得高校档案信息由单一性向综合性发展。档案信息化管理可以从声音、图像、视频、照片等多个角度就某一主题的信息进行记录,确保保存信息的全面性,使得使用者能够更加清晰、深切地把握档案信息的主题。除此之外,信息化技术的应用还可转变高校档案管理的服务形式,依据需求者心理的变化开设个性化的档案服务功能。例如,在校园网站上或档案管理网站上增设用户注册功能,在进行必要的审核之后,依据用户需求的不同提供相应的在线咨询服务,增设专业提档服务功能。对于专业性较强的学科,开展有针对性的参考咨询服务,建立一个档案管理与使用者之间的信息交流平台,从而促进相关教学、科研工作的开展,发挥其应有的信息导航作用。

四、对档案管理人员提出了更高的要求

(一)对其专业技术水准提出了更高的要求

档案管理信息化的发展,对档案管理人员提出了更高的要求,档案管理人员不仅要掌握档案管理工作的相关技能,还要能熟练掌握计算机的相关基础技术,具有一定的操作能力,能够借助计算机来完成档案管理工作。此外,信息化档案管理不可避免地会使用网络,但是如今复杂的网络环境给该工作带来了一定的安全隐患,因此,保证档案信息管理工作的安全顺利进行是档案管理人员需要注意的问题。档案管理人员需要注重自身计算机专业技术水平的提高以及对网络安全知识的学习,提高自身的综合专业技术水平,促进高校档案信息化管理工作的有效实施。

(二)对其职业素质提出了更高的要求

在如今的信息化时代,信息具有极大的价值。在档案信息化管理中,复杂的网络环境不仅充斥着许多风险,也存在较多诱惑。在众多档案信息安全事件中,多数源于档案管理工作人员。因此,档案信息化管理对档案管理人员的职业素质提出了更高的要求,高校在聘选与培养档案管理人员的工作中,要重视对其职业素质的考查和培养。档案信息化对高校档案发展来讲,是一把双刃剑,一方面能够提升高校档案管理的工作效率,另一方面在进行档案信息化管理的过程中会产生一定的安全隐患。

第二节 档案信息化建设的意义与重点

一、档案信息化建设的意义

与传统的纸质档案相比,档案信息化具有纸质档案无法拥有的优势,如远程服务、资源共享等,能够充分发挥信息化档案时效性的特点。档案信息化建设对档案管理人员也提出了更高的要求,只有熟练掌握档案信息化的知识,才能更好地进行档案管理。档案信息化建设在大数据时代的意义主要体现在以下几点。

(一)档案管理更加便捷

在传统纸质档案管理中,工作人员需要花费大量的时间和精力来收集和管理档案信息,但是将档案信息化以后,可以大大减少档案整理和收集工作所花费的精力和时间,能够极大地提升档案管理的效率。将档案信息化后,只需要一次录入,就可以为后续其他方面的使用提供便捷。例如需要相关的纸质档案,只需要将其打印出来即可,能够极大提升人们的工作效率。档案信息化能使档案管理人员的工作更加有效,他们能够全面地对档案进行管理。

(二)查询和使用档案更加便捷

在传统的纸质档案管理中,档案管理人员如果需要查询相关档案,就需要从大量的纸质档案中逐页查找自己需要的信息,再根据查找结果继续后续的工作,工作效率极低。但是对档案进行信息化管理后,档案管理人员只需要借助计算机等工具,就可以迅速找到自己需要的信息,极大提高了工作效率。

(三)提升部门整体效率

在档案信息化后,档案管理人员不必再进行繁重的手工劳动,不再只是充当打字员和保管员,而是能够真正发挥档案管理的作用,更好地进行档案的整理和管理工作,使得整个部门的工作效率得到提高。

(四)更有效地提供服务

将档案信息化以后,只需要网络和计算机,档案管理人员就可以为人们提供服务,能够及时满足人们的需求,工作效率也会极大提高。同时,档案信息化以后,档案管理人员能够更好地对档案信息化的进程进行创新,提升竞争力,扩大档案管理的职能范围,更好地为人们提供服务。

总而言之,在大数据时代,档案信息化建设具有重要的意义,会对档案管理产生重要的影响。但是档案信息化建设并不是一蹴而就的,需要相关工作人员经过长期、不断的努力,对档案信息化系统进行不断的完善和增强。但是在档案信息化建设进程中,要根据实际情况稳步发展,不能一味地追求速度,要统筹全局,保证档案信息化建设的平稳发展,保证档案安全。

二、档案信息化建设存在的问题

如今,档案管理开始向数据化、信息化发展,在档案信息化建设过程中存在以下问题:

(1)在档案信息化建设中,人们将重点放在计算机系统和设备的发展与更新中,而对档案信息的标准化建设关注较少,这样不利于档案管理工作的进行。就计算机软件开发来讲,在开发方面对档案管理的整体把握不足,开发出来的软件不能很好地满足档案管理的需要;就计算机硬件来讲,设备的型号与水平参差不齐,导致硬件环境无法得到统一。受档案管理方法的不足、缺乏技术条件支持、对网络信息的档案理解不足、缺乏相应经验等原因的影响,档案信息化的发展进程相对较慢。

(2)档案管理人员对这种新的管理模式较为陌生,没有充分的认识,所以对档案信息化的重视程度还不够。以往的档案管理人员已经习惯纸质档案的管理工作,缺乏对档案信息化管理工作的认识,也不了解电子化的各种操作与管理工作。而对新的档案管理人员来讲,虽然了解计算机应用的基础知识,但是对档案管理的操作与流程却缺乏了解,这也是如今档案管理中普遍存在的问题。目前,各单位中的档案管理人员只是掌握了基础的计算机运用知识,缺乏对计算机知识的学习与培训。如果档案系统出现了问题,只能联系相关的专业人员来处理,极大地限制了档案信息化的发展。

(3)软件的工作基础与应用相对薄弱。尽管如今多数档案馆购买了技术相对发达的硬件系统,但是没有对其进行管理,无法根据实际情况将硬件系统的最大效用发挥出来,对硬件系统使用后期的更新问题与兼容性问题也缺乏一定的考虑,只是暂时利用这些系统来完成简单的操作,并没有深入了解这些系统。

(4)网络环境对数据安全的威胁。随着互联网技术的发展,如今的网络环境较为复杂,存在较多的潜在危险。人们难以对这些网络信息进行判断,可能一条弹窗信息就会对系统产生威胁,造成数据泄露。尽管可以依靠计算机中的防火墙来规避这些问题,但这只是被动面对可能产生的风险,无法完全避免潜在的危险。在档案信息中，个人档案信息是非常重要的，一旦个人信息泄露，就会造成严重的后果。如今只是从技术层面来对其进行防护，防护的手段与迅速发展的网络技术相比，速度仍为缓慢，不能全面有效地避免信息的丢失，这也是档案信息化建设中最主要的风险。

三、档案信息化建设的重点

所谓档案信息化，就是在国家档案行政管理部门的统一规划和组织下，在档案管理活动中全面应用现代信息技术，对档案信息资源进行处置、管理和为社会提供服务，加速实现档案管理现代化的进程。换句话说，档案信息化是指档案管理模式从以档案实体为重心向以档案信息为重心转变的过程。

1. 重视档案信息化的规范建设

规范档案信息化中的各项工作，完善其中的各项要求，规范档案信息化建设中的制度问题，将工作责任细分到人，这是档案信息化发展中的首要任务。各部门之间应该加强彼此之间的联系，分享档案信息化建设中的问题与经验，按照相关的规定来完成工作，保证档案信息化建设中档案的安全，保证档案信息的真实与完整。

2. 加强基础设施建设

将与档案信息化有关的相关设施与档案信息化建设有益地结合起来，满足现在档案信息化发展的要求。

3. 建立完善的档案信息化系统

要想全面发挥档案信息化的作用，需要建立完善的档案信息化系统，其中包括档案信息化中对全文、图像信息、数据统计等功能的完善，利用自身强大的数据库，来满足用户的各种需求，为用户提供个性化服务。

4. 提高档案管理人员的专业素质

档案信息化建设需要专业技术人员的共同努力，档案管理人员应及时对自身进行反思总结，认识到档案信息化建设的重要性，及时补足自身的专业知识，积极投身到档案信息化建设工作中，与时俱进，使自身满足档案信息化发展的需求。在如今充满挑战的时代，档案工作者应认清档案信息化的发展趋势，积极应对档案信息化带来的挑战，不断提升自身的专业素质。

四、档案信息化需要提升的能力

(一)档案信息的接收和处理能力

信息化图书馆首先应该具备接收信息化档案的能力,其接收的对象主要包括相关部门的电子档案以及相关的收藏性的电子信息。图书馆在实际的档案接收前应先建立一个档案的接收机制,明确收发档案双方之间的责任和权利,防止档案泄露问题的发生,保证数据传输的有效和真实。对此,在数字化档案系统的建设过程中,应该从两个方面来实现对档案的接收,即脱机接收和即时接收。在接收的过程中,应该建立一个接收的平台,实现对数据的检验,同时对数据的内容进行分析和采集。重要的数据信息需要现代化的多媒体实现,主要有完善的系统和设备、网页信息和多媒体等。

(二)数字化档案的管理能力

数字化档案的管理能力就是根据科学的管理方式对档案制定一系列的规章制度,在遵循这些规章制度的前提下,对其进行有效的管理。数字图书馆的建设需要信息化的数字管理系统作为其管理的依据。数字管理系统在进行工作的过程中,就可以实现对不同的信息化档案进行有效的分类,并且将其按照不同的类别保存。在实际的应用过程中,系统可以根据人们的需要对文档的内容进行检索,找到相似的文章或者是体裁,提供有效的数据。在工作人员完成文献的鉴定后,可以建立相应的联系,对档案的类别、数量等进行显示,根据其存储的信息制定业务流程。

(三)信息的保护能力

随着档案资源的信息化发展,平台对档案的安全保护能力逐渐受到人们的重视,加强档案的安全管理工作成为档案工作中的重要内容,对档案的信息化建设具有重要的影响。档案信息化建设是在平台的基础上发展的,在该平台上的档案信息要满足一定的要求、符合一定的格式,对于一些较为特殊的格式,应对其进行专门管理,同时保存档案信息的原始代码,提高档案信息化建设的有效性,保障系统的稳定性。此外,还要加强系统的自我保护能力,对于一些非法入侵能够采取有效的措施,来保护档案信息资源。

信息的保护能力还表现在要维护系统的相关信息和平台的稳定。档案资料中具有较多机密信息,因此,在档案的信息化建设中,要保证档案信息的安全,避免档案信息的泄露。同时,要制定相应的保密措施,对研发设计过程、档案信息资源的信息化过程进行规范,对档案信息化建设的工作人员加以约束,避免档案文件的泄露。为了确保档案信息化建设的规范发展,保障档案信息的安全,应设置项目监理,监理单位应认识到自身在档案信息化建设中的重要性,为档案信息化建设提供一个安全的管理系统。此外,应注重网络平台的安全建设,对档案信息化建设中可能出现的黑客、档案丢失、数据破损等情况提前采取应对措施,保护档案资源的安全,维护档案系统的正常稳定运行。

(四)信息服务能力

科学技术的发展,为人类提供了极大的便利。在档案信息化建设中,使用先进的科学技术能够便于人们对档案的使用,提高档案的获取效率,提高档案的利用率。不同的人群对档案信息的使用各不相同,因此,在档案的信息化建设中,应建设不同的档案服务平台;对档案馆内工作人员而言,为提高其对档案馆内档案的管理效率,应建设相应的局域网;对当地机关和政府而言,档案信息的传递具有较高的机密性,因此应设置专门的查看系统,提供档案查询和档案转移服务等;对普通大众而言,所建设的平台不仅要能够查询档案,还要能进行彼此之间的交流沟通,因此平台的建设要满足这两个要求,此外,对档案信息的查询要便捷准确,提高用户对档案的检索效率。

第三节 档案管理软件的开发现状与优化

一、档案管理软件的开发进程及现状

我国档案管理软件的开发和应用开始于 20 世纪 90 年代。随着档案的信息化发展,档案管理软件取得了很大的进步。目前,市场上的档案管理软件主要有会博通档案管理软件、清华紫光电子档案管理系统软件等。

档案管理软件的开发主要经历了以下几个阶段:

第一阶段,档案管理软件产生于 20 世纪 90 年代。其主要适用于 286、386、486(CPU 类型)等计算机的操作系统,基本上是单机进行的,并且只是

对目录的一个存档和管理。

第二阶段，1994年，第二代档案管理软件诞生。这个阶段的软件主要适用于486以及早期的计算机，操作系统为Windows 3.1。与第一代档案管理软件相比，第二代管理软件可以实现网络管理。

第三阶段，1996年，第三代档案管理软件主要是适用于Pentium以及PentiumⅡ这一类的计算机，其操作系统是Windows95/98/NT。在使用档案管理软件的过程中可以和一些办公类的软件一起使用，实现了档案馆和档案室的文档一体化，实现了互联网技术的引用。第三代档案管理软件相比第二代管理软件，可支持单机、网络、资料的共享。

第四阶段，21世纪初，第四代档案管理软件具有语言开发、系统稳定、操作系统多样的特点。档案管理软件可以实现对大数据的管理，提高档案管理的效率。

档案信息化，主要是对已经开发的档案管理软件的使用。随着档案信息化的发展，档案管理软件也逐渐完善，软件技术水平得到了提升。但是在档案管理软件发展中仍旧存在一些问题，主要体现在技术、管理、人才方面。

在开发初期，档案管理软件由于自身机制的不完善，在科学化、合理化方面缺乏一定的标准，没有统一的专门适合档案管理软件的管理制度。同时，人们对档案管理软件的开发和管理产生了不同的认识，从而形成了各式各样的档案管理软件。在档案管理软件的使用过程中，不同的软件在安全性、灵活性等方面均有不同，在数据的格式和功能设置上也有很大的不同，这就加大了软件使用的难度。并且，不同软件中档案资料格式的不统一，档案不能在各部门之间有效传递，或者需要其他的编辑软件来转换档案格式，导致工作效率低下、工作人员重复劳动。

就软件开发情况来看，目前我国的档案管理软件在技术方面存在着缺陷，多数软件的建设标准不同，亦或是在功能和性能方面出现不稳定的现象，对使用者的使用效率产生了极大的影响。

从人才角度来看，目前我国较为缺乏熟悉档案管理和计算机知识的复合型人才。这两种不同方面的技术人才，在实际的工作中可能会出现交流障碍，从而制约档案管理软件工作的进展，不能完善的档案管理软件。

除此之外，基础理论性知识研究不成熟、档案部门对新的科学技术的了解并不透彻、不能主动地提升自身的竞争实力等,这些也是制约档案管理软件开发的重要因素。

二、档案管理软件的优化目标与对策

(一)档案管理软件的优化目标

1. 要功能齐全,专业性强

档案管理中通用软件的开发功能要齐全,能满足人们的多种需求,同时也要具有较强的专业性,主要表现为以下几点:

(1)档案管理软件要能够适应不同的网络环境和平台,具有"跨平台移植性"。

(2)档案管理软件要能实现文档一体化,要将档案管理的全过程涵盖进去,实现文件登记、检索、编目等一体化。

(3)档案管理软件要能实现一次登记、无限使用的功能。用户只需要对档案信息进行首次录入,后续需要时就可以直接使用功能。档案管理软件内的程序能够对档案信息进行自动处理。

(4)档案管理软件中,用户能够对表格进行自定义设计,对档案信息进行删除、统计、打印等。

(5)档案管理软件中要有多种检索模式,能够满足人们的不同检索需要,例如条件检索、智能检索、模糊检索等。

2. 要保障档案信息安全

档案信息安全是档案管理软件的首要前提,只有保障档案信息安全,才能开展后续的档案管理工作。需要注意以下几点:

(1)用户将档案资料存入档案管理软件后,软件应该对数据库进行加密,防止因操作失误导致档案信息受损或泄露。

(2)档案管理软件应能对其功能进行设置,保证档案软件的管理是按照层级进行的,并逐级设置管理权限。

(3)档案管理软件应能对各种信息进行登记,对用户的数据进行储存和分析,对系统功能进行调整,满足用户的需求。

3. 要具有较强兼容性和扩充性

档案管理软件中系统对象能够无限地扩充,用户能够增加不同的文件信息资源。档案管理软件应能够直接对用户的需求进行分类。档案管理软件中提供的数据接口,应能实现不同数据之间的传输和转换,新的软件版本能够直接转入历史资料。同时,用户可以实现对新版本的自动升级,升级过后的版本应该具有兼容性。档案管理软件中菜单的设置应该是智能的,用户可以根据自己的需求对菜单进行调整。档案管理软件中应有效调节接口,来满足用户的不同需求,同时还能进行光盘刻录、扫描、文件压缩、档案原件复制或存储等工作。

4. 要图文并茂,直观易学

档案管理软件中应该采取一些图形的接口,简化软件的使用流程。同时,软件系统应具备相应的使用说明手册,用户能够按照说明书自行安装与学习软件。管理系统人员以及安装人员应该熟悉相关信息,为用户的使用安装提供帮助和指导。

(二)档案管理软件的优化对策

档案管理软件的优化是档案建设中的重要问题,加强档案信息的管理和建设需要大量资金支持和技术支持。档案管理软件的发展要和社会发展的脚步相适应,通过相关政策的引导,提高档案管理软件的开发水平。

1. 加强宏观管理,制定规范标准

国家相关的管理部门应加强对电子档案的管理工作,包括对档案的接收、保管,实现档案管理软件中技术和方式的有效利用。根据当前的市场建设,对电子档案的信息化管理制定相应的标准和规范,明确规定档案信息化管理的内容,同时应提高工作人员对档案管理软件开发管理重要性的认识,将制定档案管理软件标准作为档案工作建设的重要内容。根据我国档案现代化建设的要求,应制定全国信息化的档案建设工作办法,实现对档案的统一管理,防止出现各自管理、各行其是的现象。国家相关管理部门应对全国的信息化建设给予宏观的指导,实现对整体档案管理软件的开发和管理。

2. 规范软件开发,推广先进成果

保证技术软件开发的统一、规范,能够有效节约档案管理软件的管理成本,提高经济效益,减少各种资源的浪费。因此,应该将软件管理的统一、规范工作作为档案管理中的重点项目。在软件的推广过程中,要不断地解决软件中的问题,充分展示软件的研发成果。

3. 重视以人为本,加强人才建设

知识经济的发展可以说是人才的发展,在档案管理软件的研发和推广过程中,需要大量的人才,尤其是复合型人才,这就需要国家加强对专业人才的培养。在档案管理软件开发和管理过程中,应为专业人员和技术人员提供支持,同时把培养相关优秀人才作为目前软件开发管理的重点工作。

4. 坚持实事求是,强化管理机制

为了保证档案管理软件开发的质量,国家相关部门应该对其制定相应的规范性要求,比如《计算机软件开发规范》《计算机软件产品开发文件编制指南》等,这些规范是对档案管理软件研发的规范性和功能等方面的有效要求和规定。对于不按照国家规定开发的软件和质量安全不能达到国家标准的软件,要坚决禁止使用。

综上所述,要提高档案管理软件开发的灵活性、安全性与稳定性,应尽可能地实现档案管理软件在档案的收集、整理、保管、使用过程中的规范,明确计算机的使用标准,按照档案管理软件开发的相关要求执行规定。

第四节　电子文件鉴定

随着信息技术的快速发展,档案信息开始电子化,出现了大量电子信息,为人们提供记录信息、传达信息和留存信息的服务。在电子文件的发展过程中,电子文件的管理和鉴定工作是其中重要部分。电子文件鉴定是电子文件管理中极具挑战性的工作,是档案信息化发展中的重要课题。

在档案管理工作之中,文件鉴定是其中重要的一环,而电子文件的大量出现又加大了鉴定工作的难度,也对传统鉴定模式带来了巨大的冲击,电子文件本身的特性也导致其鉴定方法与传统的鉴定模式有所不同。本节主要对鉴定内容、电子文件的鉴定程序、鉴定方法、鉴定标准、鉴定特点进行详细论述。

一、电子文件的鉴定内容

档案文件的鉴定工作主要是对档案内容的价值以及真伪进行鉴定。受各种因素的影响,现代电子文件鉴定与传统纸质文件鉴定具有较大的区别。在传统纸质文件的鉴定工作中,无论是信息还是载体都不是相互独立存在的,若要拆分或者组合都会有一定的蛛丝马迹,因此鉴定工作的主要侧重点就是对其主要内容进行鉴定。除年代久远的档案外,鉴定文件所需的技术和载体基本上很少被考虑。而对于电子文件来说,其信息内容很容易与原始载体脱离,在脱离原始载体基础上,将信息放置于其他的架构框架中,可以实现档案文件在其他载体中不留痕迹的转移,很难将原件与"类原件"区分开。电子文件信息在脱离载体转移的过程中,很难保证电子文件的准确性以及表达信息的完整性,这也是电子文件鉴定工作难度增加的首要原因。

在电子文件鉴定工作中,主要包括技术鉴定与内容鉴定两个部分,也就是电子文件的双重鉴定。技术鉴定包括对电子文件的技术状态进行全面的检查,包括硬件和软件,硬件包括载体、网络连接设备等,软件包括文件的可读性、可靠性、完整性、有无病毒等。在内容鉴定方面,电子文件与传统纸质文件的鉴定方式基本是一致的,都是把工作的核心放在文件所包含的内容与其结构形成上。

内容鉴定与技术鉴定在电子文件的鉴定过程中是缺一不可、相辅相成的。内容鉴定是电子文件鉴定的基础,也是决定电子文件鉴定工作质量的关键。技术鉴定在电子文件的鉴定工作中同样具有重要的作用,它是在内容鉴定的基础上发展的。电子文件的鉴定只有借助科学方法,才能准确地判断数量庞大、联系复杂的电子文件留存与否,并预测其保存年限。一般来讲,电子文件的鉴定内容主要包括以下几个方面:

(1)真实性鉴定。电子文件的真实性鉴定主要是对电子档案的形成进行鉴定,也就是电子档案的"原始性"鉴定。

(2)完整性鉴定。完整性鉴定可分为检查文件要素和检查要素集中手段两个方面。前者是指利用有效的技术手段,对照元数据模型,检查一份文件各个要素是否完备。后者是指分析一份文件各个要素的手段是否有效。

(3)可读性鉴定。文件的使用与传递都是建立在可读的基础之上的,因此可读性是电子文件鉴定工作中的重要内容。可读性鉴定主要是确定电子档案内容是否可以正常读出,有没有差错和丢失。可读性鉴定不仅对目前文件的可读状态进行鉴定,还要对未来可能的出错行为进行预测,提供能够有效避免出错的技术。

(4)病毒鉴定。对电子档案的病毒鉴定是保证电子档案信息安全的重要内容。电子文件的来源较广,病毒入侵的可能性也会增加。档案管理部门中的信息是非常重要的,一旦发生信息泄露,就会出现不可估量的损失。因此要注重对电子档案文件的病毒鉴定,可运用病毒检测软件对归档的文件进行检测,确认其是否携带病毒。

(5)载体状况鉴定。电子文件的储存和传输都是需要通过相关的载体平台来进行的。一旦载体平台出现损坏,就会对电子文件的信息安全造成巨大的威胁。因此,在电子文件鉴定工作中要加强对电子文件载体的日常监测和维护。

二、文件的鉴定程序

文件的鉴定程序与文档生命周期的发展是对应的,不论是电子档案还是传统纸质档案,在不同生命周期内对它们所要进行的鉴定工作也不同。

对文件的鉴定主要分为物理层和逻辑层:物理层的鉴定模式主要是以实体为主,对文件的价值进行鉴定,这也是传统鉴定模式中常用的鉴定模式;逻辑层的鉴定是以职能鉴定论为基础,从概念上对文件的可存性进行鉴定,不需要对文件的实体进行鉴定。

(一)纸质文件的鉴定程序

传统纸质文件的生命周期主要分为四个阶段,即形成、现行、暂时保存和永久保存,相对应的鉴定程序也分为四个阶段:第一次鉴定主要是在指挥档案完成归档后进行的,是对文件的初步鉴定,对档案的价值进行确认。第二次鉴定是对档案室内到期的档案进行鉴定,对其是否有保存的价值进行鉴定。第三次鉴定是对要移交进馆的档案进行鉴定,确认其是否可以进馆。第四次鉴定是对图书馆内到期的档案进行鉴定,对其中保存不当的档案进行调整或销毁处理。

(二)电子文件的鉴定程序

电子文件和纸质文件具有较大的差别,各自具有不同的特性,电子文件与纸质文件在鉴定时就具有一定的区别,纸质文件需要将处理完的文件集中起来鉴定,而电子文件在文档形成之前或者形成时就要对文件进行鉴定。电子文件的鉴定除了要考虑载体和安全外,与纸质文件一样要注重对内容的鉴定。电子文件的鉴定分为物理层和逻辑层两个方面的鉴定。

电子文件不同于传统的纸质文件,这些由若干数字信息经过瞬间的逻辑所组成的电子文件是不稳定的,如果不能及时地将其记录、拷贝到硬盘之上,这些信息很可能转瞬即逝。许多电子信息具有动态删除和定期更新的特点,如果不注重电子文件的鉴定归档问题,电子文件信息就可能出现被删除或者损坏现象。因此,电子文件鉴定的最合适时机就是在信息系统形成时进行,而非传统的纸质文件的鉴定在文书处理程序完毕之后进行。如果未能在该时机进行鉴定,便可在电子文件的形成阶段加以弥补。

电子文件在物理层的鉴定可以分为以下四个阶段:第一次鉴定主要是对电子文件的价值进行的鉴定;第二次鉴定是对电子文件的内容鉴定和技术鉴定;第三次鉴定是对保存文件进行期满鉴定,为了保障电子文档信息的长久保存,需要及时地对文件进行复制,可以与鉴定工作结合起来,在文件鉴定后对其进行复制,如果鉴定为文件没有价值,则可以将其删除销毁;第四次鉴定是对于文件是否有进入图书馆的资格进行鉴定。

随着社会的不断发展和进步,档案管理也得到了一定的发展,但是文件鉴定工作仍是档案管理中的薄弱环节,目前还没有完善的档案管理制度。随着档案鉴定制度的逐渐完善,未来档案鉴定工作的速度势必会得到一定程度的提升。因此,相关组织机构应加强鉴定工作制度的完善,保证鉴定工作的稳步发展。

三、电子文件的鉴定方法

在传统的档案鉴定中,一般采用直接鉴定法。直接鉴定法只能采用单份案卷来进行工作,不能满足如今社会大量增长的文档鉴定需求。因此,区别于传统的直接鉴定法的职能鉴定法出现了,这种鉴定方法对文件的处理不是单份进行,而是批量进行的,极大地提升了档案鉴定的工作效率。随着时间的推移,职能鉴定法逐渐开始完善,人们的工作效率也得到了提升。职能鉴定法是指根据形成文件的职能活动,重点分析形成文件的职能、工作计划、所参与进行的活动以及活动过程中的有机联系和业务的重要性,来判定电子文件的价值。但是,这并不意味着传统的直接鉴定法是毫无用处的,直接鉴定法在纸质档案鉴定中仍然使用较广,有较大的优势。直接鉴定法与职能鉴定法是两种不同的鉴定方法,各自的侧重方向不同,职能鉴定法并不能完全替代直接鉴定法。

四、电子文件的鉴定标准

文件的鉴定主要根据文件来源属性和社会需要标准来进行,即通过对于文件的综合性分析,全面地把握其价值。但是在电子档案中,仅仅依据这些标准来鉴定是远远不够的,其中还有一个重要的标准——技术标准,这是由电子文件本身的特性所决定的。正是这种技术标准的限制,对鉴定人员也提出了更高的要求。与传统的鉴定方法相比,职能鉴定法需要依靠信息技术人员才能进行鉴定。

五、电子文件的鉴定特点

通过上述对电子文件鉴定的内容、程序、方法、标准等的论述,可以发现,电子文件的鉴定具有以下特点:

(1)多样性,主要表现在鉴定范围的扩大,需要对文件进行综合性分析。鉴定工作还和其他工作紧密结合,共同发挥作用。

(2)连续性,鉴定工作不是一次完成之后就可以长期使用。随着文件之中信息的变化和载体的不同,需要对其进行重新鉴定。

(3)离散性,鉴定责任不是由一人承担,而是由多个部门一起承担,需要多个部门通力合作,建立紧密的联系,文件的鉴定质量才能有保障。

六、电子文件的处置

电子文件的处置主要包括两方面:销毁、保存。

(一)销毁

电子文件中的信息一般为重要信息,对于那些鉴定为要销毁的文件,如果销毁得不彻底,就可能会出现文件信息泄露的问题,带来严重的后果。因此,要重视电子档案的销毁处理工作,对文件的销毁要采用与文件机密相适应的方法。

(二)保存

电子文件的保存是电子文件使用和传输的基础,文件的保存方法是多种多样的,主要分为以下三种:一是可以保存在文件管理系统之中;二是可以脱机保存;三是缩微,即借助微型缩成设备将文件信息缩小成微缩胶卷。

第五节 档案信息安全技术

一、身份识别

在大数据时代背景下,生活中的各项内容都开始逐渐数据化,我们的个人信息等都抽象为各种各样的数据保存在相应的平台上。但是这些数据在存储、使用过程中具有较多的问题,存在较大的风险,这种安全问题也给人们的数据存储带来了很大的困扰。有部分不法分子冒充当事人的身份,通过获取当事人的信息来获得私利。因此,身份识别就成为档案信息化中的重要话题。如何通过有效的身份识别来保障当事人档案信息的安全是其中的关键问题。目前来看,身份识别技术主要分以下几种。

(一)口令式身份识别技术

口令式身份识别技术是通过口令传达来进行身份识别的技术。我们在日常生活中也会接触到这种识别技术,作为一种具有悠久历史的识别技术,一直被人们使用。它的优点是简单便捷、容易操作,而且口令具有较强的个体化特征,不容易被他人冒充。但是不足之处是会被有意破坏者破解。因此,有必要制定相应的口令保护措施。

在理论上,使用者需要设置自己的口令,设置的口令要容易记忆。但是实际上,人们的记忆能力有限,如果没有及时地将口令记录下来,就会不记得自己设置的口令,这也是口令式身份识别技术的缺点之一。如果用户在多个账号使用同一口令,一旦忘记口令,就会造成较大的麻烦。为避免这一现象的发生,用户可以采用短时更换口令的方式,同时,这种方式还能够提高该技术的安全性,能够减少信息泄露的可能。口令式身份识别技术能够有效保证用户档案信息的安全性,同时其简单便捷的方式也能很好地适应如今的大数据时代。但是口令式身份识别技术只适用于一般的网络系统中,如果要运用在较高级的网络系统中,就需要对该技术进行升级,否则容易被人恶意攻击破坏。

(二)智能卡识别技术

智能卡识别是比口令识别安全性更高一级的技术方法,它是由一种智能芯片制成的。在这种智能芯片里边,有档案信息的相关数据,经过复杂的程序将这些数据整理出来,并将其存储在智能芯片中。这种智能卡的体积较小,便于携带。如果档案信息使用者需要查看某些信息,直接可以使用智能卡识别身份,来获取需要的信息。智能卡的优点是小巧,便于携带,但是这也是它的缺点,在使用过程中容易丢失,一旦丢失,可能造成重要信息的泄露。但是与口令式身份识别技术相比,该种识别技术的使用更为便捷,正常情况下的安全系数也会较高。

(三)图像口令技术

图像口令技术是相对于文本口令技术而言的,文本口令技术是由一连串的文字或是数字组成的,而图像口令就是由一系列的图像组成。这种技术手段很好地弥补了文本图像难以记忆、输入不快捷的缺点。人们在使用图像口令技术时,只需要将系列图像组合作为口令输入系统中即可。人们对图像的记忆能力要高于对文本的记忆能力,因此,与文本口令相比,图像口令较为容易记忆。同时,这种技术的安全系数较高,要想破解这种口令需要较高的技术水平。因此,与前两种技术手段相比,图像口令技术具有较高的安全性。图像口令技术具有独特的特点:一是图像信息是由相关数据处理得出的,具有较强的个体特征;二是该技术与人体特征或是行为有关,具有较强的生物识别特征。因此,图像口令技术具有较强的安全性,能够为信息验证提供准确的依据。

二、档案数据备份

档案数据是保护档案信息完整、安全的一种策略,是将档案信息完整地复制下来,然后将其保管在不同的地方,避免档案信息因人为因素或不可控因素的破坏而丢失。如果原始数据发生破损,则可以使用备份数据将其恢复,保障档案信息的完整,确保信息管理系统的正常运转。

(一)备份技术选择

对数据信息进行备份的主要目的就是尽可能地减少外界环境对数据信息造成的损害。在对数据进行备份的过程中,最避讳的是在备份过程中因为容量的不足而要更换介质来保存,这会严重影响备份数据的后续使用。因此,在选择备份系统时,要注意备份数据软件可以在不同系统平台进行查看,同时还要满足不断增长的数据信息的需求。备份数据的选择应包括设定备份模式、硬件备份、软件备份,具体内容如下:

(1)设定备份模式。备份模式一般分为DAS(Direct Attached Storage,直连的存储)、NAS(Network Attached Storage,网络链接的存储)、SAN(Storage Area Network,存储区域网)。

(2)硬件备份。一般说来,丢失数据有三种可能:人为的错误、漏洞和病毒、设备失灵。解决方法包括硬盘介质存储、光学备份介质和磁带/磁带机存储技术。与磁带/磁带机存储技术和光学介质备份相比,硬盘存储所需费用是昂贵的。磁盘存储技术虽然可以提供容错性解决方案,但容错性解决方案却不能抵御用户的错误和病毒。磁带机所具有的优势是容量大、配置灵活、速度相对适中、介质保存长久、成本较低、数据安全性高、自动备份等。

(3)软件备份。备份软件主要分两大类:一是各个操作系统厂商在软件内附带的,如NetWare操作系统的"Backup"功能、NT操作系统的"NTBackup"等;二是专业备份软件厂商提供的全面的专业备份软件,如赛门铁克公司的Veritas Net Backup和惠普公司的Data Protector等。对于备份软件的选择,不仅要注重操作性、自动化程度,还要注重扩展性和灵活性。同时,跨平台的网络数据备份软件能满足用户在数据保护、系统恢复和病毒防护方面的需求。

(二)数据备份计划与方式

灾难恢复的先决条件是要做好备份策略及恢复计划。日常备份计划包括描述每天的备份以什么方式进行、使用什么介质、什么时间进行以及系统备份方案的具体实施细则。备份方式主要有全备份、增量备份和差分备份。全备份所需时间最长,但恢复时间最短,操作最方便,当系统中数据量不大时,采用全备份最可靠。增量备份和差分备份所需的备份介质和备份时间都会少一些,但是恢复起来要比全备份麻烦一些。

在众多备份方式中,磁带存储技术较为成熟,是较为可靠的保全数据的方法,其能够脱机保存,在满足不断增长的数据存储备份需要的同时,还能保障数据的安全,是使用较为广泛的数据备份方式。一般使用磁带库保存磁带,将多台磁带机、多盘磁带、存放磁带的智能机械臂系统和磁带库管理、控制、监测、诊断系集成在一个箱体里。使用磁带库进行数据备份具有存储量大、速度快、存储备份安全等优点。

(三)数据备份注意事项

从上述中知,对档案的数据备份不仅仅是简单的数据拷贝,而是一个较为复杂的系统,在进行备份的过程中,要综合考虑多种因素,涉及数据管理制度、技术保障等多个方面。在进行数据备份的过程中,要重视以下几点内容。

1. *数据库系统的建设*

数据备份工作主要包括两方面的内容:一是拷贝,二是对拷贝数据的管理。在建设档案信息管理系统时必须同步建设数据备份系统,采用技术主流、操作简便的专业备份系统,保证重要的档案数据按照优化策略及时进行备份。

2. *加强备份介质的检查*

对信息进行数据备份,并不意味着就可以实现对数据的永久安全保管。随着时间的增长,备份介质本身也会发生一定的破损,因此,应及时地对其进行检查。根据《电子文件归档与电子档案管理规范》的规定:对存有档案数据的磁性载体每满2年、光盘载体每满4年要进行一次抽样检验,抽样率不低于10%,如发现可读性出现问题,应及时采取恢复措施;对磁性载体上的档案数据,应每4年转存一次,同时要保证设备的兼容性。

3. *建立数据恢复预案*

数据备份工作的最终目的是实现对破损数据的恢复,只有实现对破损数据的恢复,备份工作才有意义。将数据使用合适的介质保存下来,再放置异地进行保存,一方面能够对数据信息进行保护,但是另一方面,在运输过程中也会存在一定的安全隐患。因此,为保证数据备份工作高效运行,应建立数据的恢复预案,当数据发生破损时,能够快速准确地恢复数据。

4. 建立异地备份管理制度

数据备份的基础工作是完成数据信息化,该项工作具有一定的难度和专业性。要想保证该项工作的顺利完成,应实现数据的信息化管理,及时对入库的数据进行记录和管理,然后对其进行异地备份。此外,还要时刻对异地备份的种类、数量等信息进行查询,建立异地管理制度,保证异地备份数据工作有序安全进行。

三、网络安全管理

随着网络化的普及,网站逐渐增多,网络犯罪也越来越多,网络安全问题也越来越突出。然而很多档案相关部门片面地追求效益,只追求档案信息的传递共享,对档案信息管理中可能存在的风险视而不见,给档案信息的安全带来了巨大的威胁。只有档案部门重视档案信息在传递共享过程中的安全问题,并考虑相应的应对措施,才能避免档案受到损失。

在档案信息的网络安全管理中,涉及的内容较多,主要有以下几点:第一,领导层要制定好档案信息网络安全保护的相关规定,并组织员工认真学习,如实履行,同时要配备安全员,配置监督机构,形成高效的档案信息网络安全机制;第二,建立健全网络安全制度,明确每一个员工的责任;第三,要加强对前线基层员工的培训,让他们明白网络安全的重要性和必要性;第四,要详细地对档案的审核、保存等工作做好记录,这不仅能够督促员工认真履行安全责任制度,还便于随时进行查阅;第五,坚持做到定期进行安全检测、风险分析等安全隐患的查询。

(一)档案信息可能受到的网络威胁

电脑病毒、冒名顶替身份、用户密码或登录口令丢失、篡改用户个人信息、信息泄露等是档案信息在使用过程中可能受到的常见网络威胁。

1. 电脑病毒

随着网络技术的发展,网络病毒出现在我们的视线中,我们所熟知的木马病毒等病毒入侵都会对电脑造成重要的损害。病毒入侵电脑有多种渠道,如通过网络传输、用户下载文件中插入病毒等。

2.冒名顶替身份

网络上有很多网页和软件需要用户填写相关信息,如果用户的身份信息发生泄漏,被一些不法分子获取,不法分子会利用计算机接口登入,或者利用用户的账号密码冒名进入用户空间,以获取私利。

3.用户密码或登录口令丢失

不法分子会利用计算机技术盗取用户的密码或者是登录口令等登录信息,在避开用户的情况下进行非法访问。

4.篡改用户个人信息

这种安全问题主要是用户在发送或者接收信息的过程中,被不法分子半路截取,实现非法获利或者是对用户信息进行修改,使终端接收到错误的信息。

5.信息泄露

档案在网络中或者是空间上传送的过程中存在着强度不同的电磁辐射,而一些懂电磁知识的不法分子会利用这种现象来获取用户信息。

(二)针对网络安全问题的相关措施

1.限制个人电脑的信息共享

如今我们购买的多数电子产品会默认开启部分信息的网络共享功能,这一功能能够为我们带来便利,但是也存在较大的风险。尤其是多数人的信息安全意识较弱,在进行信息共享时不会对信息进行加密处理,从而使得他人能够容易地访问计算机内的资源,这就给信息安全造成了巨大的风险。不仅如此,即使用户进行了加密处理,仍旧能够被部分人破解。因此,人们在使用电子产品时要对信息的共享进行适当的限制。

2.密码或口令复杂化

多数盗密软件是在短时间内循环尝试密码来获取正确的密码,越为简单的密码或口令,其安全系数就较低,较为复杂的密码或口令,其安全系数就较高。因此,我们在设置密码时,尽量设置较为复杂的密码,增加破解的难度,降低密码被破解的概率。

3.谨防恶意扫描

如今多数软件的安装使用会要求获取更多的用户信息,以便为用户提供更为精准的服务。尽管这一行为为用户提供了便利,但是也给用户的信息安全带来了较大的风险。如果软件的安全系数较低,不法分子就可以乘虚而入,来盗取用户电脑中的个人信息资源。此外,下载软件的渠道也很多,如果下载的软件是非正规软件,就可能会直接导致信息的泄露。

(三)网络道德与网络法规

面对如今档案管理在网络中的各种安全问题,一方面我们要认真对待,做好应对措施,谨防意外发生;另一方面也需要通过相关法律法规的制定来约束网络中的各种行为,从根源上降低网络中不法分子的数量。如今网络已经开始与人们的生活融为一体,开始遍布于人们生活中,但是网络安全和网络道德等问题引发了很多的社会问题和家庭问题。网络暴力、网络犯罪、网络色情等危害青少年健康成长的现象呈上升趋势,它已对年轻一代的世界观、人生观、价值观产生了深远的影响,尤其是青少年对自身的约束能力较差,很容易受到网络中各种因素的影响。因此,在信息技术课程中要加强对学生的网络安全和网络道德教育,从根源降低网络安全的威胁,这也是如今我国网络发展中的重要问题。

我国已经颁发了各种与网络安全以及档案信息安全有关的法律法规,为档案信息的安全发展提供了良好的环境,主要有《中华人民共和国保守国家秘密法》《中华人民共和国国家安全法》《互联网信息服务管理办法》等。这些法律法规为多个领域的知识产权提供了坚实的后盾,这些领域包括计算机领域、通信领域、广播电视领域、书籍出版领域、新闻领域、印刷领域等。

除此之外,为保障网络安全、社会信息化的健康发展,我国在第十二届全国人民代表大会常务委员会第二十四次会议上通过了《中华人民共和国网络安全法》(以下简称《网络安全法》),并于2017年6月1日开始施行,人们对网络安全的关注度开始逐渐提高。

此次颁发的《网络安全法》将一部分重点放在了个人信息泄露问题上,明确网络产品服务提供者、运营者的责任,严厉打击出售贩卖个人信息的行为,对保护公众个人信息安全起到积极作用。《网络安全法》中作出明确规定:网络产品、服务具有收集用户信息功能的,其提供者应当向用户明示并取得同意;网络运营者不得泄露、篡改、毁损其收集的个人信息;任何个人和组织不得窃取或者以其他非法方式获取个人信息,不得非法出售或非法向他人提供个人信息,并规定了相应法律责任。

同时,《网络安全法》也更加重视关键信息基础设施的建设,提出如果是在保护国家安全或者是社会公共秩序的时候,必要时可以对网络通信采取限制等临时措施。作为法治社会的公民,每个人都应该知法、懂法、守法、用法,积极参与到网络法律法规的践行中去。在没有经过本人同意的情况下,不可以擅自浏览使用别人的私人信息;不得擅自读取别人的本地信息;不得擅自截取、修改、删除别人在网络中发送的消息;也不可以利用别人的网络或者是计算机设置等漏洞,或者是利用木马、病毒等入侵别人的电脑等各种黑客或者是类同黑客的行为,违者将会以违反《网络安全法》《中华人民共和国宪法》,承担刑事责任。

第六节 档案资源数据库与档案安全保障体系建设

一、档案资源数据库建设

运用计算机及其相关技术管理数字档案信息,如采取数据库技术进行管理。数据库从不同角度可以划分为很多类型,所管理的资源数据主要分为结构化的数据(如元数据或目录数据)和非结构化的数据(如文本、图像、音频、视频等)。

结构化数据在数字图书馆中具有非常重要的作用,数字图书馆对信息资源的管理是从结构化数据(即目录数据)开始的。结构化数据与非结构化数据的关联由业务软件系统来协调,对底层的存储管理则交给操作系统和数据库管理系统来完成。数字图书馆的数据库一般包括档案目录数据库、元数据库(集)、内容数据库(原文数据集)等。

(一)档案目录数据库

档案目录数据库又称为"档案机读目录"或"档案电子目录",是存储在计算机内,使用某种数据库管理系统组织管理的档案目录数据集合。档案目录数据库是数字档案资源管理的基础,是开发利用档案信息资源的关键,它将反映档案内容特征和形式特征的各种目录信息,依照一定的字段要求存入计算机中,形成用计算机检索的目录数据体系。根据著录对象的不同,档案目录数据库分为文件级目录数据库、案卷级目录数据库和专题目录数据库三大类。

关系型数据库管理系统是存储、管理结构化的档案目录数据的最佳工具。构建档案目录数据库,要设计档案目录数据库的库结构,包括确定档案目录数据库将包括哪些著录项目(记录字段),确定每个著录项目的格式(记录字段的字段类型、字段长度和约束条件等),还要根据目录数据量和用户访问量来选择适宜的数据库管理系统。确定著录项目:传统档案的机读目录项目可以依据《档案著录规则》的规定来确定;电子文件的机读目录还要补充相应的元数据,形成完整的档案机读目录所要求的项目。确定数据格式:具体规定每个著录项目(记录字段)的数据类型和字段长度。数据库管理系统所管理的数据对象是结构化的,因此必须事先确定好档案目录数据库各字段的名称、字段类型、代码体系和约束条件等。

在建库时收集原始档案及这些档案已有的纸质著录卡片、案卷目录或文件目录进行初步鉴定,确认其准确性、完整性和系统性。对于纸质目录中缺失的项目或不规范、不准确的内容,要对照档案原件逐个修改、补充。对于录入数据的质量管理,一是成立质量督查机构,严格实施质量抽检制度。抽调相关方面的人员组成质量监督组,制定建库各工作环节的具体要求和质量标准,负责对档案目录数据库进行质量抽检、验收。二是加强对建库人员的培训。对参与建库的人员进行档案著录、数据准备、数据录入方法、数据录入标准和规范方面的培训,提高其质量意识和安全意识。三是采取一定的技术手段来纠正和防止著录、录入错误。

(二)元数据库

元数据是反映数据属性的数据,是描述或反映档案文件背景、内容、结构及其管理过程的数据。元数据库建设是电子文件和数字档案管理的必要手段。保存档案文件的元数据是保证数字档案可靠和可用的一项重要措施。

1.元数据库的设计原则

元数据库的设计要满足一定的要求,主要有科学性原则、一致性原则、标准性原则、可扩展性原则、互操作原则、开放性原则等,具体内容如下:

第一,科学性原则。档案元数据标准的设计必须在文件运动理论的指导下,总结档案文件管理的实践经验,借鉴国内外已有的研究成果,编制出科学、实用、有效的元数据方案。

第二,一致性原则。在开展元数据的设计工作时,要对国内外的相关标准进行系统收集,遵循现有的国际标准、国家标准和行业标准。

第三,标准性原则。要对元数据的语义、属性、结构及语法进行规范化的描述,在微观层次上使元数据标准化。

第四,可扩展性原则。元数据标准设计应注重元数据体系和每个元数据模块的可扩展性,保留并细化元数据元素的空间,以适应未来不断增长的数据需求。

第五,互操作原则。元数据标准的设计必须重视元数据的易转换性,能够方便地将元数据转换为其他系统常用的元数据标准,在不同系统中实现同一元数据标准或不同元数据标准间数据的高效交换或转换。

第六,开放性原则。元数据库的设计要具有较强的开放性,能够接收不同的信息来源和信息种类。

2. 元数据的相关资源分析

资源分析主要用于明确与元数据相关的电子文件资源的特点、范围、选择标准等,主要包括电子文件类型的定义和范围、档案文件间的关系、著录级别和著录单元、属性语义,以及对于具体属性的检索需求等。资源分析可以看作对元数据结构与语义描述的需求分析。电子文件元数据所对应描述的数字对象即为通用的电子文件核心元数据,主要为原生电子文件元数据与数字化文件(文本、图像)元数据。电子文件元数据标准选取的元数据种类主要有描述型、结构型、管理型和保存型元数据。

描述型元数据的著录包括文件标识、文件题名、文件主题、文件描述、文件日期、语种、文种、覆盖范围、责任者标识、责任者描述、业务标识、业务描述、关系标识、相关实体标识、关系定义、关系时间等。结构型元数据的著录包括文件技术环境、存储位置、文件层级、责任者层级、业务层级、实体类型、相关实体类型等。管理型元数据的著录包括文件处置、文件权限、责任者权限、业务权限、业务法规依据、文件管理历史、责任者行为历史、业务处理过程等。保存型元数据的著录包括签名、锁定签名、编码等。

(三)内容数据库

1. 内容数据库的类型

内容数据库是指数字档案的原文数据集,其信息类型多种多样,如文本、图片、表格、音频、视频等,它们是数字档案资源建设的主体。档案的内容数据库通常按照档案的内容和形式特点分别建库,一般划分为电子文件数据库、扫描文件数据库、照片数据库、多媒体数据库等。数字图书馆建设应按照资源数量、设备条件、用户需求等建立符合实际需要的档案内容数据库。

2. 内容数据库的功能

数字档案必须将其内容数据与元数据建立持久有效的联系,确保其可靠和可用。建构功能完备的档案内容数据库系统为海量存储系统,存储的信息可能具有异地分布、异种数据结构等特点。档案内容数据库系统应实现以下基本功能:

(1)对不同类型、格式的多媒体档案内容信息的获取、存储能力。能够存取、传输多种来源、不同形式的档案内容信息,并经转换、压缩等技术处理后存储。

(2)独立于内容的数据管理功能。能够按照确定的结构有效组织分布式的、不同类型的、不同数据结构的数字化档案内容信息,并为之建立有效的检索系统。

(3)快速跨库访问和查询功能。档案内容信息为非结构化信息或半结构化信息,需将数据库技术与专门信息技术结合起来,集成丰富的查询技术。

(4)权限管理功能。提供一系列全面的权限管理工具,对数字档案内容的访问和使用进行许可、控制和监督。

(5)网上发布功能。档案内容数据库应能够从所在网络系统上发送信息,用户可在任何具有图形化用户界面的计算机系统上阅读。

二、档案安全保障体系建设

档案承载着"记录历史、传承文明、服务现实"的重要作用,档案的安全保管是档案工作最基本的任务。目前,在档案安全保管方面存在着注重档案实体安全、忽视档案信息安全,注重档案安全制度建立、忽视制度执行情况的监督与落实,注重档案突发事件应急预案的制定、忽视应急预案的演练等倾向。实现档案馆建设成为档案安全保管基地的目标,加强档案馆安全保障能力,构建档案安全保障体系尤为重要。

(一)明确防范重点,确保安全保障体系切实有效

档案安全保障体系的建设是档案管理中的重要内容:从宏观上来看,档案安全保障体系建设是一项庞大的工程,涉及基本理论、基础设施、制度保障、技术支持等诸多方面;从微观上来看,档案安全保障体系贯穿档案管理的各个环节,是档案安全的重要保障。每个档案馆由于特点的不同,因此要根据自己的特点建立各自的安全保障体系。对照不同类型的档案安全事故,针对不同的档案载体、不同的保存状况、不同的存储环境等因素,找准安全隐患,明确档案安全防范重点,制定行之有效的档案安全保障方案,打造切实可行的档案安全保障体系。

(二)建立健全档案安全管理制度

保障档案信息的安全,不仅要具备一定的硬件设施,同时还需要建立档案安全管理制度,提高档案安全管理的软实力。档案信息安全不仅包括档案的实体安全,同时还包括档案的信息安全,体现在档案工作的接收、保管、整理、鉴定、利用、数字化等各个环节。针对档案管理中不同的工作环节,要制定相应的安全工作制度,同时也要加强对制度执行情况的监管,确保安全制度能够切实执行。档案安全管理制度的建立要重视以下内容。

(1)要重视建立珍贵档案的保护制度。对于珍贵的馆藏档案,除了要建立特藏档案馆外,对其中珍贵的"镇馆之宝"还应借鉴文博部门保存珍贵文物的经验,如台北故宫博物院保存的《富春山居图》等珍品规定每4年才能展出一次。同时要对珍贵档案的保存做出相关规定,对其出库条件、程序以及时间间隔等做出明确规定。

(2)要重视建立濒危档案排查制度。尽快对破损档案采取抢救和保护措施,同时在抢救过程中,选择适当的方式方法,避免对档案造成二次破坏。

(3)要重视建立档案管理应急预案定期演练制度。高校图书馆要按照《档案工作突发事件应急处置管理办法》的要求,对各种突发灾害和突发事件制定出相应的档案抢救和保护预案,但是其执行能力较差,一旦发生突发事件,应急预案并不能发挥作用。建立档案管理应急预案定期演练制度的目的就是要提高工作人员的安全意识、风险防范意识和突发事件应对能力,明确责任,建立起高校图书馆快速应急反应体系。

(4)要重视建立档案异地异质备份制度。高校图书馆通过建立异地备份库等形式对重要档案及电子文件实行异地异质备份。档案异地异质备份是维护档案数字信息安全的重要举措,在备份地点的选择上要遵循不在地震带、考虑不同气候类型、交通便捷等原则,避免自然灾害给档案信息安全带来较大威胁。

(三)加快档案数字化进程

在大数据时代背景下,档案的信息化建设发展迅速,档案的数字化建设也得到了普遍发展。很多高校图书馆以利用需求为导向,加快档案数字化进程。档案数字化发展不仅为档案管理提供了便利,还能够有效地保护档案原件,提高档案馆的容灾能力。例如:2008年汶川发生的地震不仅给国家和人民带来了巨大损失,也给档案工作带来了重创,大量档案文件严重受损;2009年德国科隆市档案馆坍塌,大量珍贵的资料受到了严重的摧毁,直接导致大量的档案资料损失且无法弥补;2010年舟曲发生的特大泥石流导致县公安局档案资料受到严重损害。这些事件的发生,更让我们认识到档案数字化的重要性。

档案的安全管理会对档案的数字化建设产生较大的影响,档案管库的安全建设是档案信息化建设中的重要内容。在档案的管理过程中,要完善档案管理制度和规范操作要求,加强对档案数字化的管理,防止在档案数字化进程中出现档案的丢失、窃取,同时要对档案的数字化建设进行安全有效的管理。

管理人员的安全观念也会对档案的安全管理产生重要的影响。虽然及时建立了较为完善的安全设施,但是仍需要相关管理人员管理。如果管理人员没有树立较强的安全意识,就无法有效实现档案的安全管理,安全措施的执行就会受到制约,会影响图书馆安全管理的有效性。因此,要提高管理人员的安全意识,建立健全的安全管理制度,提高管理人员的素质,重视对突发事件的应急处理,严格落实档案安全管理制度。

第三章 高校图书馆档案信息资源的科学管理

第一节 信息资源整合

一、信息资源与信息资源整合的内涵

信息资源是指可供利用并产生效益、与社会生产和生活有关的各种文字、数字、音像、图表、语言等一切信息的总称。按表述方式,信息资源可分为非文献信息资源和文献信息资源,文献信息资源是信息资源的主体。按文献的记录方式和载体,可以将文献信息资源分为印刷型、缩微型、声像型、机读型。图书馆的文献信息资源主要包括:现实馆藏资源、图书馆自建的各种数据库,如特色资源数据库、专题数据库等;图书馆购买的电子文献、网络资源。

信息资源整合是指信息资源优化组合的一种存在状态,是根据系统论的原则,依据一定的需要,对各个相对独立系统中的数据对象、功能结构及其互动关系进行融合、类聚和重组,重新结成一个新的有机整体,形成一个效能更好、效率更高的新的信息资源体系,从而为科学研究、决策提供信息保障。图书馆作为各种知识的存储基地,包含各种类型的信息资源,如纸质文献、电子文献、网络文献等,如果对不同载体的文献进行资源整合,则能够有效提高图书馆信息的利用率,能够更好地满足读者的阅读需求。

二、高校图书馆信息资源整合的意义

(一)提高信息资源的利用率

高校图书馆的读者主要为教师、科研人员和学生,他们拥有不同的学科背景,对信息资源的需求也各不相同。图书馆为读者提供阅读服务,满足读者阅读需求,因此,应对读者的需求进行分析,对图书馆内的信息资源进行整合,提供更为便捷的检索方式,便于读者阅读和查询,满足读者的阅读需求。

通过对用户的需求进行分析,对图书馆的信息资源进行整合,能够为读者提供更有效的信息,提高信息资源的利用率,满足读者多元化的需求。

(二)提高图书馆的服务竞争力

随着互联网的发展,人们获取信息的途径与方式增加,对信息的获取也更为便利,这给传统的为读者提供信息服务的图书馆带来了巨大的挑战。图书馆只有提升自身的竞争力,才能在互联网技术发达的今天继续发展下去。图书馆要提高自身的服务竞争力,首先要建立有序的信息资源保障体系。随着网络技术和大数据技术的发展,产生的信息资源越来越多,信息资源在更为多元的同时,也变得更为无序。随着信息技术的发展,人们对信息的获取提出了更高的要求,希望能够迅速地获取自己所需的、准确的、完整的信息资源。无序的信息资源不仅增加了用户对信息资源的利用难度,而且还加剧了资源增长和资源利用之间的矛盾。在如今,信息资源的传播需要依赖网络平台,因此,只有建立统一的检索平台,才有助于读者迅速、准确地获取自己所需的档案资料。如今图书馆信息资源建设的完整性较为缺乏,无法体现学科知识的内在联系。图书馆的发展要加强各个资源之间的联系,提高各种载体的馆藏资源之间的关联度,使用户获取到更为精准的信息,以优质的信息资源赢得服务竞争优势。

三、高校图书馆信息资源整合的内容

图书馆信息资源整合是依据读者现实需要,对每个相对独立的要素对象、结构、功能和关系进行科学合理的重组、融合、分配,重新结合为一个有机整体,形成更好、更科学、更合理、更高效的信息资源体系,最大限度地发挥效能。

(一)长远规划图书馆信息资源的发展

信息资源相对于文献资源而言是一种新生事物,有广阔发展前景,图书馆的信息资源建设要有长远规划,一定要处理好以下几个关系:在同步发展原则的基础上,处理好信息资源与文献资源、电子图书与电子报刊、电子期刊与电子报纸的关系;在优先发展原则的基础上,优先发展具有广阔发展前景的信息资源,并着重发展中文资源。

(二)合理采购信息资源

目前,我国高校图书馆信息资源建设的主要方式是购买数据或是租赁数据库。在采购信息资源时,要在采购原则的基础上,对目前图书馆现有的馆藏资源进行补充,提升图书馆馆藏资源的丰富性。要采集的信息资源要能够丰富图书馆的馆藏资源,促进图书馆信息资源的建设;要能够满足广大师生的学习、教学、科研的需要;同时要考虑读者的现实需要,满足读者的阅读需求,拓宽师生的知识面。

(三)加强图书馆信息资源的宣传与培训

1. 加强宣传

众多读者对信息资源感觉很陌生,相关的方式方法不是很了解,因此,高校图书馆信息资源要加大宣传力度,通过网络宣传、橱窗展示、举办讲座、读者活动等促进高校图书馆馆藏资源开发。

2. 读者培训

信息资源作为一种新的资源品种,其操作界面多样、涉及内容广泛、技术教育性强,需要读者具备一定的知识检索操作技能,否则再丰富的资源也会被束之高阁。因此,做好读者培训工作至关重要。培训可以采取举办系列专题讲座、利用文献检索课提供在线服务等形式。

(四)加强信息资源整合和优化

随着信息资源的增加,数据库的检索平台也逐渐增加,人们对不同平台的数据检索需求也逐渐增加。不同的数据检索平台所具有的数据资源各有不同,具有不同的数据标准,同时,不同数据库在内容上存在一定的交叉。这些因素增加了用户获取所需信息的难度,用户不仅要熟悉不同的数据检索平台,还要对检索结果进行筛选,避免信息的重复。针对这一现象,高校图书馆可以跨平台检索,实践建设资源分布式、知识网络化、统一用户平台、统一用户认证、多途径多层次访问系统,全面实现电子资源优化整合。

随着我国高校图书馆建设的发展,如何对现有资源进行整合成为图书馆信息资源建设的重点,如何合理使用理论指导和实践经验,将整合后的信息资源纳入数字图书馆,便于用户的使用,使信息资源创造出更大的价值,是如今高校图书馆信息资源整合中要面对的重要问题。

第二节 档案的收集、鉴定、统计与利用

一、档案收集工作

档案的收集是接收、征集档案和有关文献的活动。具体讲,就是按照党和国家的规定,通过例行的接收制度和专门的征集办法,将分散在各机关、组织、个人手中和散存在社会其他地方的档案,有组织、有计划地分别集中到各有关机关档案室和各级各类档案馆,实现档案的统一领导和分级管理。档案收集工作主要包括三方面的内容:第一,机关、企业、事业单位档案室对本单位需要归档档案的接收;第二,档案馆对所辖区域内现行机关、企业、事业单位和撤销单位的具有永久、长期保存价值档案的接收;第三,对中华人民共和国建立以前各个历史时期形成档案的接收和征集。

档案收集工作不是一项简单的事务性工作,而是一项政策性、业务性很强的工作。首先,档案收集工作具有明显的选择性,文件转化为档案是有条件的,在档案收集工作中必须严格把握这些条件,在归档和接收过程中认真筛选,档案选择是按照档案室范围的设计合理并全面进行的。其次,档案收集工作受档案形成者、档案意识水平、价值观以及档案室保管条件等多种因素的制约,需要综合研究、统筹规划,提高档案收集工作的质量。

(一)档案收集工作的意义

档案收集工作是档案管理工作中的首要环节,是图书馆档案室中各种工作的起点,同时也是图书馆得以发展的重要手段,在档案管理工作中具有重要作用,做好档案收集工作对整体档案管理工作具有重要意义。

1.档案收集工作能够维护党和国家的历史真实面貌

档案馆的收藏内容能够反映一定地区、部门的政治、经济、科学和文化教育等。档案的收集工作能够促进档案内容的齐全完整,能够维护历史的真实面貌,是贯彻执行党的路线、方针、政策的重要工具。

2.档案收集工作能够储存档案信息资源

档案是社会发展过程中形成的重要信息资源,它们记录着人类社会实践发展中的各种事实、数据、理论方法、科学构思等,记录着各种经验教训。人

们从档案信息中可以了解过去、探索未来,可以继承过去的科学成果,并在此基础上发展现代科学技术,可以开拓人们的思维,可以让人们以史为鉴,为未来的发展指明道路。

随着科学技术的不断发展,社会对信息的需求也逐渐增多,对所接收的信息质量的要求也逐渐提高。而档案作为拥有大量信息的载体,要充分发挥自身的作用。各档案馆要将各种丰富的资源整合起来,为社会建设提供信息基础。

3. 档案收集工作为档案馆的建设奠定了基础

档案馆的档案利用工作的开展,建立在一定数量档案的基础上,如果档案馆的档案数量有限,馆藏门类残缺较多,就难以满足各种工作、各种人员对档案利用所提出的要求。档案工作得以有序进行的前提就是有丰富的档案资料,只有拥有大量丰富的档案资料,后续工作才能够得到较好的开展。档案的编研需要依靠大量的档案资料;档案的整理是将各档案之间的关系整理出来,这也是建立在大量档案资源的基础上。高校图书馆内只有有大量的档案资料,才能在进行档案管理工作时实现纵观全局、全面考察、权衡利弊,达到提高工作效率、提高档案的利用率的目的。

只有做好档案收集工作,保证高校图书馆馆藏的丰富,档案资源较为齐全,才能更好地实现高校图书馆的建设工作,才能更好地完成高校图书馆的管理工作,档案收集工作是高校图书馆建设中必要的物质条件。

4. 档案收集工作能有效促进档案学、档案工作的发展

图书馆是我国保存各种档案的重要基地,丰富的档案资料也是档案学发展的主要来源。如果图书馆的馆藏资料较为匮乏,不仅图书馆的各项工作的开展无法有效进行,而且也无法为档案学理论的发展提供相关的实践依据。图书馆有丰富的档案资源,档案管理工作才能有效地开展,才能有丰富的档案管理工作实践经验,在档案实践中提出新的问题和要求,为档案学的发展提供新的发展依据,为其发展打下基础,并推动它的发展。

丰富的档案资源能够有效推动档案管理工作的发展,也是图书馆现代化发展的基础。只有拥有丰富的档案资源,利用者才能自如地使用档案资源,才能实现档案工作的现代化发展。

(二)档案收集工作的要求

1. 将档案资料及时、全面地收集进馆

衡量档案收集工作好坏的一个重要标志就是档案馆藏资源是否丰富、档案资源是否完整。档案馆的馆藏资源越丰富、珍贵,它就能为利用者提供更多的信息资源,所做的贡献也就越大,受到的重视程度也就更深。因此,《中华人民共和国档案法》(以下简称《档案法》)明确规定:对国家规定的应当立卷归档的材料,必须按照规定,定期向本单位档案机构或者档案工作人员移交,集中管理,任何个人不得据为己有。机关、团体、企业事业单位和其他组织必须按照国家规定,定期向档案馆移交档案。各档案管理工作人员在进行档案管理工作时,应当按照《档案法》中的规定约束自己,将档案资源及时、全面地收集进馆,遵守档案归档、接收的相关工作制度。

数量充分、质量优化、成分充实、结构合理是高校图书馆藏应达到的标准。为了提高高校图书馆在各单位中的地位,将高校图书馆建成永久保存档案的基地和研究利用档案的中心,高校图书馆应扩大档案和资料的收集,提高高校图书馆内档案的数量和质量。在进行档案收集的过程中,不能只一味地追求档案数量的增加而忽略了档案的质量,如果不对档案加以优选,就会发生档案膨胀现象,提高档案管理人员的工作量,降低档案的利用率。因此,在提高高校图书馆藏数量的同时,也要将档案的质量考虑在内。

2. 对档案来源进行调查研究

不同的工作、时间、场合会产生不同的档案,这就形成了档案来源和形成的多样性。档案收集工作主要是解决分散和集中的矛盾。长期实践档案工作的经验说明,及时掌握档案分散、流动、保管和使用的情况,处理好局部和整体、当前需要和长远需要之间的关系,是做好档案收集工作的关键所在。因此,加强调查研究,根据档案分散的情况和高校图书馆的条件,从全局出发统筹安排,进行宏观指导,是十分必要的。

在进行档案收集工作时,要对档案和高校图书馆进行调查研究,做到档案收集工作的统筹兼顾,把握档案形成规律和档案发挥作用的规律。在进行档案收集工作时,应从全局出发,对档案的历史价值和保管、使用等方面进行全面考虑,使各种有价值的档案能够得到合理的保管,将档案管理的整体和局部、当前和长远利用有机地结合起来,维护党和国家的历史文化财富的安全保管。

3. 保持全宗的完整性

全宗是一个立档单位档案的有机整体,保持全宗的不可分散性,是档案管理的一条基本原则,应贯穿于档案管理的全过程。因此,在收集工作中,必须把一个立档单位的档案作为一个全宗集中在一个档案室中,不允许把一个全宗的档案人为地加以分割。如果确实需要从一个全宗中抽出部分档案另行集中,应以复制件代替,原件仍应归回原宗集中管理。

二、档案鉴定工作

档案鉴定工作就是对档案的价值进行鉴定和鉴别,将其中有价值的档案挑选出来,进行妥善保存,没有价值的信息予以销毁。鉴定工作主要包括以下三方面的内容:第一,制定鉴定档案价值的相关标准,如编制档案保管期限表等;第二,根据有关标准,判定具体档案的价值,确定其保管期限;第三,将失去保存价值的档案进行销毁或做相应的处理。

(一)档案鉴定工作的意义

1. 档案鉴定工作能够有效提高档案管理的质量

随着社会的不断发展以及人们实践活动的开展,档案的数量开始逐渐增加,各图书馆需要储存的档案信息变得庞杂。在众多档案中,有部分档案随着时间的推移失去了保存的价值,还有些档案则需要继续尽心保存,如果将这些档案混杂在一起进行保存,会给档案的管理和利用增加难度。因此,有必要对档案馆内的档案进行鉴定,剔除其中没有价值的档案,这不仅能够有效缓解库房压力,还有利于提升档案管理的质量,使那些有价值的档案得到有效保管。此外,对档案进行鉴别,能够将有价值的档案呈现给利用者,能够提高档案馆的服务水平。如果档案馆发生突发事件,能够快速地将那些重要的档案进行转移,减轻档案馆的损失。

2. 档案鉴定工作能够决定档案的命运

档案鉴定工作是一项严格的工作,它决定着每个档案的存留问题。如果将有价值的档案信息剔除并销毁,就会造成无法弥补的损失。如果保存的档案信息是没有价值的,就会占用有限的档案空间,也无法为人们提供有效的档案利用服务,达不到档案鉴定的目的。目前的档案鉴定工作多为人工进行鉴定,因此不可避免地会具有一定的主观随意性,无法对档案的未来进行准确的预测。因此,档案的鉴定工作对档案人员提出了更高的要求。

(二)档案鉴定工作的原则

鉴定档案时,应从党和国家的现实需要和长远需要出发,运用辩证唯物主义和历史唯物主义观点分析档案的现实价值和历史价值,准确地判定档案的保管期限。将其中没有价值的档案销毁,保证档案的完整、完全,对档案进行更好的保管和利用,更好地为社会主义事业服务。在我国社会主义档案事业中,如果偏离了这一点,必然会破坏档案的完整性,给党和人民带来不可挽回的损失。总之,要用全面的、历史的、发展的观点来判定档案的价值,这是档案鉴定工作的原则。

1. 全面的观点

对档案的价值进行全面的鉴定,是档案鉴定工作中的根本原则之一,主要包括以下三方面的内容。

(1)判断档案的价值。在对档案的价值进行鉴定时,不能单从档案自身或是社会需要的某一方面考虑,而是应该将两者结合起来,全面地对档案的价值进行鉴定。

(2)运用联系的观点鉴定档案的价值。在档案中,部分档案之间具有较强的联系,因此,对一份档案的价值进行鉴定时,不能仅以这一份档案为依据,而是应该将其与其他档案文件联系起来,从整体来考虑档案文件的价值,这样才能实现全面对档案进行鉴定。

(3)全面预测社会对档案的需要。各高校图书馆所拥有的档案资料是不一样的,社会对档案的需求也是多层次、多角度、多方面的。因此,在对档案的价值进行鉴定时,应全面进行考虑:既要考虑本档案馆的需要,也要考虑社会其他个人单位的需要;既要考虑当前的需要,也要考虑未来的需要;既要考虑考察凭证的需要,也要考虑其他领域的需要。对社会大众不同领域、不同用途的档案需要进行考虑后再对档案进行鉴定,而不能片面地对其价值进行鉴定。

2.历史的观点

档案是当时社会历史的记录,它是在一定的社会历史条件下形成的,是当时社会活动的真实记录。因此,对档案进行鉴定时,要尊重历史,运用历史唯物主义的观点和方法,对档案的价值进行科学的鉴定。在对档案进行鉴定时,要将档案放在它所形成的历史环境中去考虑,综合考虑档案的价值。即使是在历史中形成的内容不正确的文件,也不能随意将其摒弃,而是将其放置在当时的社会环境中去考虑,维护历史的真实面貌。因此,只有坚持历史的观点,才能准确鉴定档案的价值,任何实用观点和非历史的观点都是必须摒弃的。

3.发展的观点

由于档案的内容具有一定的时效性和扩展性,因此,在判定档案的价值时,不能只从当前的需要来判断,而应该用发展的目光来对档案的长远价值进行判断。在众多档案中,有些档案在目前看来具有较大的价值,但是随着社会的发展,其价值就会消失;有些档案目前看来没有价值,但是将来具有一定的价值。因此,要以发展的目光判断档案的价值,需要用辩证唯物主义和历史唯物主义的观点,全面鉴定档案的价值。

(三)档案鉴定工作的制度

档案鉴定工作具有较强的科学性,需要运用科学的鉴定方法和客观的标准来对档案的价值进行判定。同时,档案鉴定工作决定着每个档案的存留,是一项极为严格的工作,如果鉴定失误,就会造成无法挽救的损失。因此,在对档案进行鉴定时,要严格遵循档案鉴定工作的相关制度,确保档案鉴定工作的顺利完成。目前,我国的档案鉴定制度主要有三方面的内容。

(1)档案的鉴定工作应按党和国家制定的鉴定工作原则和鉴定标准进行。如国家档案局颁发的《机关档案管理规定》和《国家档案局关于修改〈电子公文归档管理暂行办法〉的决定》以及其他有关档案鉴定的指示性文件,都是档案鉴定工作的依据。

(2)档案鉴定工作必须有组织地进行。首先,应成立档案鉴定小组。该小组应由档案部门、有关的业务部门以及熟悉档案情况的人员组成,并由指定领导负责。其次,召开小组会议,制订档案鉴定的相关工作计划,研究档案鉴定的纲领性文件,明确鉴定的标准,保证档案鉴定的客观性。最后,熟悉档案鉴定的内容,有组织有秩序地进行鉴定工作。在进行档案鉴定工作的过程中,如果遇到难以确定价值的文件,应由小组协商解决。

(3)要规范档案销毁的相关要求,不能随意销毁。要经过严格的档案鉴定流程,在确定该档案没有保存价值后,再对要销毁的文件进行登记,并写出鉴定报告,经相关领导同意后,方可销毁。销毁1949年以前的历史档案,除经主管部门审批同意外,还应同时报告国家档案局批准,未经鉴定和批准,不得销毁档案。

(四)档案价值的决定因素

档案价值是档案在社会发展中所产生的价值,是档案自身价值的客观性以及人们对档案的需求的综合反映。因此,档案价值是档案的客观属性和人的主体需求这两种要素之间的矛盾所决定的,是这种矛盾的具体反映和结果。因此,档案的自身特点以及社会利用需求是影响档案价值的决定因素。

1. 客观因素——档案自身属性

档案是对社会实践的原始记录,能够有效反映当时社会活动的原貌,是社会活动的原始凭证。因此,档案的内容、形式、来源等都会影响档案的保存价值。一般来说,反映本机关主要职能活动的文件,价值就大,反映一般问题的文件,价值就小;来源于上级机关的指示性、指导性文件,价值就大,来源于下级机关的文件,价值相对就小。

2. 主观因素——社会需要

人们对档案的使用能够有效体现档案的价值,在社会生活中,人们也往往利用档案中的内容来解决实际工作生活中的问题。例如,本机关的职能活动是在一定法律规范的范围内完成的,因此,经常需要查阅有关的法律政策文件、上级的指示、规定、条例文件等,以使自身的活动合法、合理,领导的正确决策的形成,也离不开对档案的利用。例如,我国于1997年举办的第八次全国运动会的开幕式时间,就是在对历史档案进行分析的基础上确定的。1995年12月初,上海市气象局的专家就开始对1997年的气象进行预测,专家对上海市120多年的气象资料进行统计分析,花了一个月的时间,最终认为10月12日的降雨概率较低,而且正好为星期天,适合运动会的举办,最终将运动会的开幕时间确定为这一天。这120年的历史资料,为形成正确的决策奠定了基础。因此,各种档案的利用情况直接与档案的价值相关,决定着档案的保存价值。

上述决定档案价值的两个因素是客观存在的,彼此之间也是辩证统一的。档案价值的确定不能脱离档案自身属性这一客观基础,也不能脱离社会利用这一主体需要。档案价值的确定是档案客体与主体需要的统一,因此,在对档案的价值进行鉴定时,应将这两个因素结合起来,对档案的价值进行全面考虑,只从某一方面对档案的价值进行判定是不全面的,也无法有效进行档案的鉴定工作。

(五)档案鉴定的标准

1. 鉴定档案价值的标准

为了提高档案鉴定的质量,应明确具体的档案鉴定标准。根据影响档案价值的相关因素可以得知,鉴定档案价值的标准是在客观存在的档案价值的基础上,对档案的各种特征以及社会需求进行分析的依据。鉴定档案价值的标准主要有来源标准、档案内容标准、档案形式特征标准和相对价值标准。

(1)档案来源标准。档案的来源也就是档案的形成,档案作者在社会上的地位以及职能作用,对档案的价值具有重要的影响。档案工作人员在对档案进行鉴定时,要留意不同的档案作者,对其进行区分。

(2)档案内容标准。档案的内容是决定档案价值的最主要的因素。人们在使用档案时,最主要是利用档案中记载的内容,如果档案的内容能够满足利用者的需要,就能够表明该档案具有保存价值。对档案的内容进行分析时,要对档案的重要性、独特性、时效性、真实性和完备性进行全面的考虑。

(3)档案形式特征标准。档案的名称、责任者、形成时间和载体形式等能够反映档案的相关信息,对档案的价值也有一定的影响。档案的名称能够体现档案的内容和性能,因此,档案的名称在一定程度上能够反映档案的价值。一般情况下,决定、决议、命令、指示、条例等往往用于反映方针政策,具有权威性和重要性,价值较高,而通知、简报等往往用于反映一般性事务,价值较低。如果档案的产生时间距离现在较远,需要多保存一些,如果是在重要时期形成的文件,往往具有重大价值。档案的正本是有关机关进行工作的依据,可靠性大一点,其保存价值也就更高。如果是副本或是草案,其可靠性就会相应地减少,其保存价值也就较小。某些重要文件的草稿、草案,能够反映档案形成的过程,也具有较高的保存价值。不同形式的档案会呈现出不同的价值,有的档案会因其载体形式较为古老而具有文物价值,有的可能会因为装帧的精美而具有艺术价值,有的可能会因为有重要任务的签字、题词等具有纪念价值。因此,对档案的价值进行鉴定时,不能仅依靠档案的内容,还要根据档案的各种形式进行判断。

(4)相对价值标准。相对价值标准是指在一定的情况下,某些文件的保存价值和保管期限可以相对地提升或降低。从理论上讲,每份文件的价值取决于档案客观属性及其满足利用者需要的程度,但从我国档案管理体制和档案工作原则出发,还有一种被鉴定档案与其他档案相比较而存在的价值,就是所说的相对价值。对相对价值的使用,是为了有效地控制档案馆内档案的质量和数量。在档案相对价值中,要考虑三方面的内容:档案的完整程度、档案内容的可替代程度、档案是否需要移交。

在对档案的价值进行鉴定时,要对档案中上述标准进行全面综合考虑,切忌只考虑某一方面的内容,而忽略了其他内容,要综合考虑档案的自身价值和社会利用需求,全面地对档案的价值进行鉴定。

2. 档案保管期限的划分标准

对档案的价值进行鉴定后,需要在此基础上确定档案的保管期限。和档案的价值鉴定工作一样,档案保管期限的确定也要遵循相应的标准。档案的保管时间一般情况下可分为永久保管、长期保管、短期保管,不同的保管时间对档案的要求也不同。

(1)永久保管的档案。凡是反映机关主要职能和基本历史面貌的,在经济建设、文化建设和科学研究中需要长远利用的档案,都永久保管。如果是革命历史档案以及明清以前的历史档案,则无论内容如何,都应永久保管。

(2)长期保管的档案。如果是本机关长时间内需要使用的档案,应进行长期保管,其保管期限为16~50年。

(3)短期保管的档案。凡是短时间内本机关需要查找的档案资料,应进行短期保管,其保管期限为15年以下。

不同档案保管期限的划分,实际上也反映了档案的价值,主要是从档案的特征、形式、内容等方面来判断档案的保存价值,同时还要考虑档案的利用与其他档案之间的关系,只有这样才能准确地判断档案的价值和保管期限。

3. 档案的销毁标准

在对档案的价值进行鉴定后,除了确定有价值的档案要继续保存外,还要将其中没有价值或者保管期满的档案销毁。档案的销毁这一过程是不可逆的,如果对文档的销毁判断有误,就会造成无法挽回的损失。因此,在对文档进行销毁时,要遵循一定的标准。根据销毁档案的类别,档案的销毁要遵循内容标准和保管期限标准。

(1)销毁档案的内容标准。凡是国家规定的不属于归档范围内的文件材料,都应予以销毁。

(2)销毁档案的保管期限标准。如果档案的保管期满,且经过鉴定后明确其没有继续保管的必要,就可以对其销毁。

三、档案统计工作

(一)档案统计工作的内容

档案工作内容通常有六个环节,即档案的收集、整理、保管、鉴定、统计和利用。统计是其中一个重要的环节,它具有承前启后的作用,是搞好档案综合管理的必要条件。通过档案统计工作,可以进一步认识和提高档案的管理和服务水平。档案统计工作的内容包括档案统计调查、统计整理、统计分析和提供统计资料等,其中档案统计调查是最基本的统计,主要包括各类档案的收进、移出、销毁、实存数量等项目,以统计数字反映和揭示档案及档案工作中各种现象的特征和规律性。档案统计工作是掌握与分析档案和档案工作基本情况,研究制定档案管理与档案事业建设的方针政策和计划,实行有效监督与指导的重要依据。

目前档案数量正在以几何级数的势态增长,利用统计数据可以清楚了解档案的增长速度和趋势,进而有目的、有计划地合理安排经费的使用。通过统计数据还可以掌握本单位信息开发的利用情况以配合社会需求,及时调整人员、设备的配置,以便更好地开发档案信息资源,服务用户。为实现档案管理制度化、规范化、标准化,提高档案现代化管理水平和服务水平,以适应档案统计改革和发展的需要，根据《中华人民共和国档案法》《中华人民共和国统计法》的要求，档案统计应具有准确性、客观性、科学性。信息统计工作要做到统计指标体系完整化，统计分类标准化，统计调查工作科学化，统计基础工作规范化，统计计算和数据传输技术现代化，统计服务优质化。

  在档案信息统计工作中，需要对大量信息数据进行处理，只借助人工无法实现对数据的处理，因此，需要借助现代化的设备和系统来进行。要在档案信息统计中推行档案信息管理的现代化建设，要注重加强相关硬件和软件的建设，这是提高档案信息统计的基础，是实现档案现代化的基本前提。在对计算机的软硬件的设置中，要将档案信息统计的工作需求考虑在内，实现档案信息统计和档案管理现代化建设的同步发展。档案的信息化建设需要借助互联网来进行，因此会产生一定的安全隐患，档案的信息统计工作亦是如此。为确保档案信息统计数据的准确性，要加强对网络查询的安全管理，避免非法篡改数据资料，防止病毒的攻击。此外，便捷的互联网技术能够有效提高档案统计工作的效率，通过建立基础数据库，将档案信息网络化，提高档案统计数据的时效性。信息统计手段的现代化是档案统计工作现代化的重要标志，能够有效提高档案信息统计的工作效率，保证档案信息统计工作的质量。

  为保证档案数据的安全准确，可以通过对数据信息进行整理、检查、核对等工作。同时，及时采取修复和预防措施，使本来完整的档案继续保持完好，从而延长档案的使用寿命，充分发挥档案的作用。对档案的收进、移出和案卷利用数量等情况，及时准确地进行登记。设立档案收进、移出登记表和借阅档案资料登记簿，档案使用制度化、规范化，使档案工作向更好的方向发展。

(二)档案统计工作的作用

  档案管理的主要目的是收集、整理各种档案信息，使档案信息能够更好地为人们服务，满足人们的需求。档案统计不仅是对档案工作人员工作情况的统计，更重要的是对收录的档案信息的统计，主要是对档案馆现有的档案资源进行计算、统计，得出具有一定效用的统计结果，使其能够为社会的发展提供有效的信息，提高档案信息的利用率，发挥档案信息的价值。因此，档信息统计在档案管理中具有重要的作用,能够发挥巨大的优势。

1. 优化档案管理工作

信息统计主要是对档案馆内的大量信息按照特定的指标进行统计,从而对档案进行精简和优化处理,使档案馆内的档案信息更加明了,提高档案信息的利用率。档案馆中拥有大量的档案资源,其种类也多种多样,直接在众多档案资料中去查找自己需要的档案信息,具有极大的难度,如果对其进行信息统计,对其分类、数量、排序等进行整理,便可以让人们清楚了解馆藏内容,快速找到所需信息。同时,对其进行信息统计后,能够有效提升档案管理人员的工作效率,优化档案管理工作。

2. 提升档案信息质量

繁杂的档案信息给档案管理工作增加了难度,同时也增加了保证档案质量工作的难度,不仅无法保证档案信息的原始性,而且可能还会使档案馆的馆藏空间无法有效利用。将档案馆馆藏资源进行统计后,就可以对其进行整理,使其变得更有条理,从而提升档案馆馆藏资源的质量。

3. 有助于合理规划档案管理工作

档案管理工作主要包括档案信息的采集、整理、存档、保管等,有的档案信息还需要档案管理人员的编辑,如此众多的信息如何进行管理是对档案管理人员的重大挑战。如何使复杂的档案管理工作有条不紊,并且能够使档案管理在档案建设中找到一条合适的发展方式,需要档案管理者对档案管理事业进行合理的规划布局。档案统计工作可以全面详细地反映出当前档案信息的数量、结构以及使用状况。这些信息有助于档案管理者认识到档案管理事业的重要性,针对当前档案管理的现状合理规划档案管理工作,为档案管理工作找到合适的发展方向。

四、档案的利用形式

档案的利用形式多种多样,从档案提供利用的形式来划分,一般分为组织阅览、原件外借、制发复制本、档案证明、参考咨询、档案展览。

(一)组织阅览

阅览室是为提供档案利用的主要场所,是为接待用户而设置的档案利用场所。在如今高校图书馆所提供的档案利用方式中,提供阅览室是较为普遍和传统的一种方式。

1. 高校图书阅览室的优越性

档案是社会发展过程中形成的原始记录,一般为单份存在,而且其中不乏一些较为机密的信息,这决定了档案信息不能外借的特征,因此,在实现档案信息数字化之前,主要还是通过阅览室借阅。

在档案的众多利用形式中,阅览室的接待方式具有明显的优越性,能够有效保护档案,防止档案中较为机密的信息泄露。档案阅览室能够为用户提供较好的阅览环境,阅览室的众多档案能够满足用户的深入检索,提高档案的周转率和利用率。同时,还便于档案工作人员及时地掌握和研究档案的利用情况,提高档案工作的效率,提高档案的利用率。

阅览室一般为宽敞、明亮、安静的场所,位置一般在图书馆入口和档案库房之间,便于取放。此外,阅览室的设备、环境应以简洁为主,一般只要设置查询台、阅览桌、椅子和存物柜即可。有条件的图书馆可以设置专门的档案阅读室,如音像档案阅览室、机密档案阅览室等。

2. 档案馆阅览室的接待

档案馆阅览室的接待工作主要分为进门时的接待工作和出门时的接待工作。

进门时的接待工作,主要目的是使档案工作人员了解用户的需求和兴趣,为用户提供适合的服务,一般程序为:第一,用户出示有关证件,档案工作人员核查身份;第二,档案工作人员告知用户有关借阅的方式方法和相关规章制度;第三,用户填写借阅档案和相关保证文件。

用户出门时的接待在档案接待中同样重要。档案工作人员要对用户交还的档案验收,用户要填写相关文件信息,同时,档案工作人员应主动向用户征求意见,促进档案工作的发展。

3. 阅览室的安全措施

在档案借阅的过程中,会存在一定的安全隐患。为提高对档案的保护,阅览室应制定一定的规章制度,将档案在利用过程中可能发生的安全隐患降低到最小。为了提高档案在阅览过程中的安全,应注意以下几个方面:第一,在用户进入阅览室之前,要核实用户的身份并记录;第二,禁止用户进入保存档案的非公共场所,如修复室、复制室等;第三,控制进入阅览室的人数,阅览室应只设置一个出入口,只有经过身份验证的人员才可进入,用户阅览后离开时,工作人员要对交还的档案进行核查;第四,禁止携带能够存放档案的公文包、手提包等进入档案室,因此,档案室应当设置能够存放物品的储物柜;第五,禁止任何可能会损害档案的行为,如抽烟、吃东西等;第六,档案工作人员应对用户在档案室内的阅览行为进行监护,同时档案阅览室可以借助监控系统,来保证档案资源的安全,如果发现用户有危害档案的行为,应及时终止用户的阅览行为;第七,为用户所提供的阅览档案,应尽可能的为复制品,减少对原件的损坏;第八,档案馆所提供的文件应尽可能的为已经整理好的成体系的文件,如果用户要借阅的内容为零散文件,应逐件进行登记。

在档案馆通过阅览室为用户提供档案阅览这一形式中,不仅需要档案工作人员提供良好的服务,同时还需要用户的配合,双方共同实现良好的档案阅览行为。

(二)原件外借

档案原件包含重要的信息,一般不提供借出服务,如果是必须提供原件或者是用户不便到阅览室阅览,经过相关批准后,可以将档案资料暂时借出。

档案工作人员应对经过批准的外借文档进行严格的审查,破损且未修复的档案、未经整理的文件不准外借。除此之外,还要建立完善的档案外借制度,对档案的外借时间期限、数量等作出规定。在外借时,应遵守严格的制度,登记相关手续。借阅单位和个人要保障档案资源的安全,不得对档案资料进行修改,不能对档案资料自行复制、转借等。当用户交还档案时,要对档案进行清点检查,并在登记簿上注销。如果发现档案文件有损坏或丢失,应对借阅人员做出相应的处理。

(三)制发复制本

随着档案提供利用工作的深化,人们利用档案的形式也趋向多样化。一般用户的利用目的主要是获得有关的档案信息,在档案可靠性得到保证的前提下,对所利用的档案文本并不作特殊要求。正是由于这样一种利用需要,为制发档案复制本提供利用开辟了广阔的前景。

档案复制本一般可分为副本和摘录两种:所谓副本,即反映原件所有组成部分的复制本;所谓摘录,即只反映原件某些部分的复制本。制发档案复制本的主要方式有手抄、打字、印刷、照相和复印等。必要时可以仿制原件,如为了展出的需要,可以制成与原件的制成材料以及其他外形特征完全相同的仿真副本。

通过制发档案复制本,拓宽了用户获取档案的途径,但是,制发档案复制本也具有一定的局限性。由于人们获取档案的途径增加,较难实现档案信息的保密性以及档案知识产权的保护,因此,要对制发的档案复制本的范围和数量进行限制。

(四)档案证明

档案证明是档案馆(室)根据用户的需要和申请,为证明某种事实在馆藏档案中有无记载以及如何记载而出具的书面证明文件。只有用户提出档案申请时,才能制发档案证明。在档案申请书中,用户应写明要求制发证明的目的、用途、所要证明的事项及其发生的时间、地点等情况,以便档案工作人员对申请书进行审查以及档案的查找和证明的编写。

档案室制发档案证明的依据,应该是文件的定稿或正本,只有在定稿或正本不存在的情况下,才可以根据其他的稿本来编写。制发档案证明所依据的文件稿本,必须在证明时加以注明,并说明材料出处和依据。档案室出具的档案证明只能说明某种事实在档案中有无记载以及如何记载,只能以引述和节录原文为主要形式,档案工作人员不得对有关材料进行评价,甚至作出结论。如果必须由档案工作人员对档案内容进行综述,务必保证表达的准确性和客观性,文字必须简单明了,范围必须严格限定,不得列入所证明范围以外的材料。如果档案中对有关问题有两种以上的不同记载,档案工作人员不得进行倾向性的选择,而应将这些内容都列入档案证明,由用户自行分析和选择。对某些特殊的名词、术语等,可作简单的注释。

档案证明具有严格的书面要求,证明中不得出现涂改痕迹。当出现错误须对其进行修改时,应在改正的部位盖上改正章。档案证明制成后,应对其进行仔细的核对,确定无误后再加盖档案馆或单位公章,如果档案证明超过两页,应加盖骑缝章。

(五)参考咨询

参考咨询,是档案工作人员直接为用户提供档案信息的一种服务方式。

用户来档案馆阅览档案,所提出的要求一般也较为原始、不规范,而且按照用户的原始意图,难以找到符合要求的档案。他们会向档案管理人员寻求帮助,希望档案管理人员借助自身的专业知识和馆藏知识,来帮助自己找到合适的档案资料。因此,档案参考咨询工作在档案利用服务中具有重要作用,档案参考咨询工作是在档案阅览服务中存在的。

参考咨询这一服务模式多种多样:从形式上,可分为口头咨询和书面咨询;从内容性质上,可分为事实性咨询、研究性咨询和情报性咨询;从深度上,可分为一般性咨询和专门性咨询。

尽管参考咨询的模式多样,但是其参考咨询的步骤具有统一性。

(1)接受咨询问题。用户在向档案管理人员寻求档案咨询时,档案管理人员首先要了解用户咨询的目的、内容、范围和要求等,便于对信息进行检索和查询。

(2)咨询问题分析。咨询分析是档案工作人员对用户的问题进行分析,确定查找档案资料的范围和步骤,有计划、有重点地进行档案查询。

(3)查找馆藏档案。根据咨询分析确定的档案查找范围,有步骤地查找馆藏档案。

(4)答复咨询问题。根据所查找的馆藏档案,解答用户的咨询问题。答复咨询方式可以采用口头答复形式、书面答复形式,还可以向用户介绍有关的档案内容,介绍有关的检索途径、提供有关的档案资料来答复用户的问题。

(5)建立咨询档案。对于用户咨询的问题和借助何种资料解决用户的问题应及时记录下来,建立咨询档案。在用户咨询的问题中,不乏一些具有重要价值、长远价值的问题,将这些问题有意识地记录下来,便于档案工作人员积累经验,掌握档案参考咨询的服务规律。

(六)档案展览

为了满足人们对档案的需要,档案馆会有目的地安排档案展览。档案展览就是按照一定的主题,将档案材料系统地排列出来,通过这种形式,来满足人们对档案的利用需要,同时也能够实现对档案馆和档案的宣传。

档案展览是按照某一主题,将这一主题的档案系统地整理起来,将其展示给大众。因此,档案展览集中了这一主题中的精华,人们能够从档案展览中,找到集中的档案材料,满足自己的档案需求,甚至从中还能找到较难发现、较为珍贵的档案材料。与其他档案服务形式相比,档案展览的参观者较多,服务面也较广,能够产生较大的社会影响力。同时,档案展览将某一主题的内容集中起来,能够给予参观者深刻的印象,极大地提升档案的利用效果。

档案展览一般有两种形式:一种是设立长期的展览厅(室),比较系统地陈列出本馆珍贵的档案;另一种是根据需要,按照某一专题,临时性地举办档案展览,突出宣传馆藏某一方面的特色。

对档案的利用是档案工作的核心内容,既是档案工作的出发点,也是档案工作的落脚点。随着社会的发展和科学技术的进步,档案的利用形式也发生了较大的变化,人们应给予档案利用形式一定的关注,借助不断提升的科学技术来提高档案的利用率,使现有档案满足人们的需求和社会的发展需要。

第三节 档案信息资源及其开发途径

档案信息资源是国家信息资源的重要组成部分,要高度重视档案信息资源的开发与利用。在信息化时代的背景下,提高档案工作者的素质、优化馆藏结构和提高馆藏的利用效率是加快档案信息资源开发的重要途径。

一、档案信息资源的地位

随着科学技术的快速发展,信息在飞速增长,信息利用率已成为国家实力的重要指标。档案作为历史的记录,是知识的载体之一,汇集着大量的信息。档案包含了大量的数据、资料、图表、文件等原始凭证,是最原始、最真实、最有说服力的历史记录。它们数量巨大,涉及各个行业、社会的方方面面,上至国家、各级政府,下至企业、社区,甚至家庭、个人,是国家的基础资源,是信息资源的重要组成部分,具有不可估量的社会经济价值。只有将这些档案资源有效地开发和利用,才能为社会经济的发展提供帮助,才能满足人们对档案的需求,充分发挥档案的价值。例如各地方档案馆内收集了大量当地的信息档案资料,但是这些档案多数并未得到较好的开发。随着各地对文件建设的重视程度逐渐加深,这些档案资料能够发挥极大的作用。积极对档案信息资源进行开发利用,是促进社会经济发展的主要力量。我国的档案管理已从传统的实体管理向档案信息化管理发展,档案服务职能已从行政服务向社会化服务过渡,档案信息资源已成为社会共享的信息资源的一部分。

二、档案信息的开发途径

实际上,多数档案馆所提供的服务依旧是传统的被动式服务,档案馆自身的宣传力度较差。档案馆人员能够较好地完成收集、整理、保管等基础工作,但是对档案的最终目的——利用的认识较少,使得多数档案无法发挥自身的价值。在档案编研工作中,编研成果无法满足档案馆信息资源的开发利用需要,使得社会各界对档案馆的馆藏情况无法了解,无法有效利用档案馆资源满足自身需要。再者,如今档案馆的信息化工作相对较差,档案资源数字化、网络化建设进度较慢,使用者无法简单、便捷地使用档案资源信息。

针对目前档案管理方式较为落后、档案利用率较低的情况,应从提高档案工作者的素质和优化馆藏结构两方面来改变。

(一)提高档案工作者的素质

实现档案信息开发的有效途径是档案信息的数字化发展,在其数字化发展过程中,需要具有现代化数字处理能力的综合性人才。从目前的发展情况来看,多数档案机构的综合性人才较少,多数档案机构管理人员的技术水平较低。传统纸质档案工作者在档案管理方面具有较高的水平,但是在计算机知识方面有所欠缺,传统的管理方式和管理理念已经无法满足如今档案馆发展的需要。因此,档案管理人员需要与时俱进,丰富自己在计算机领域的知识,及时地更新自己的知识结构,转换档案管理的理念,满足档案馆的时代发展。

1.改变档案工作者的管理理念

随着大数据时代的来临,多数行业都发生了巨大的变化,档案工作亦是如此。随着这种变化的产生,档案工作者应对自己的工作模式进行改变,自主地从传统的实体管理转向信息化管理。档案工作者不再仅仅为使用者提供档案信息和维护档案信息资源的安全,而且还要提高档案使用者的利用效率,提高档案管理工作的效率。在如今的档案工作中,档案工作者应把加工和完善馆藏档案、加速档案数字化建设,以满足档案利用者的需求作为工作的主动力,把档案的利用率作为衡量自身工作成绩的一个重要标准。同时档案工作者应开放自己的工作,通过与其他相关部门的合作来推进档案信息化的开发和利用,如实现档案部门、电子文件形成部门和计算机与信息管理部门三结合。

2.优化档案工作者的人员、知识结构

在传统纸质档案管理中,档案管理人员对计算机网络管理技术的了解较少。因此,为提高档案工作的效率,档案部门应引进相关的高级技术人员,通过这些高级技术人员带来的管理技能来实现档案的数字化和网络化发展。同时,这些高级技术人员在档案工作中的开放性思想以及高效的管理效率,能够改变档案部门的思想。其次,也要加强对在职档案人员的培训,使他们熟悉现代化的技术,成为具备档案专业领域知识和现代化技术的综合性人才。

(二)优化馆藏结构,提高档案利用率

1.丰富馆藏内容

丰富的馆藏资源是高校图书馆建设发展的基础,也是档案开发利用的必要条件。档案工作人员所做的收集、整理、鉴定等工作,都是为了提高档案资源的利用率。因此,充实、丰富馆藏资源是开发高校图书馆馆藏资源的基础,也是优化馆藏结构的前提条件。在充实馆藏工作中,档案工作者要注意档案信息资源的系统性、连贯性。在征集范围上应改变以往只注重党政机关文书档案的单一性,扩大到社会各个方面,注意征集反映当地经济建设、科学研究等方面的档案,以及企业生产经营管理方面的档案和具有地方特色的历史文化档案。

2.推进档案信息资源的数字化发展

传统的档案馆藏资源主要以实体资料为主,有纸质、声像、实物等载体,大众对档案的利用主要是通过去档案馆借阅、咨询,或者是利用编辑出版的档案史料。我国多数高校图书馆中具有丰富的实体资料,但是由于未实现数字化,大众对档案的利用程度较低,无法实现档案资源的共享。实现档案数字化建设,能够突破传统档案的种种限制,实现档案资源的共享。档案信息资源的数字化主要包括两个方面的内容。

(1)纸质档案的数字化。对现有纸质档案进行数字化是指运用现代数字技术把文字图像转化成数字化形式,主要有两种方式:一为文本录入,二为图像录入。这两项工程都需耗费大量的精力,由于人力、物力、财力的限制,一般情况下应优先考虑具有较高价值的馆藏档案、特色馆藏档案以及利用率高、需求大的馆藏档案,同时兼顾档案原件的质量,尽量选择字迹比较清晰的档案文件。在实施数字化时,要制定电子文件标准,规范电子文件格式,充分考虑与现行电子文件的统一及数据的共享,避免因重复建设而造成资源浪费。

(2)对电子文档的归档管理。电子文件是只在数字设备及环境中生成,以数码形式存储于磁带、磁盘、光盘等载体,依赖计算机等数字设备阅读、处理,并可在通信网络上传送的文件。电子文件的收集归档是档案信息数字化的主要内容。目前,多数档案部门使用的软、硬件系统并不相同,产生了种类繁多的电子文档格式,不同档案格式与系统的兼容性较差。针对这种情况,档案管理部门应严格明确电子文档的归档制度和归档要求,规范电子文档的归档问题。

3. 推动档案馆藏的网络化发展

馆藏档案的网络化发展就是将已经实现数字化的档案信息上传至网络平台,使用者借助互联网就能够随时随地地查看馆藏档案。

推动档案的网络化发展,能够发挥网络的便捷性、连续性的特点,使档案的利用突破传统的限制。档案的网络化发展是一个较为复杂的过程,首先要对档案信息进行简单的检索编辑,建设档案数据库,体现档案目录系统的完整性。在数据库的建设中,应考虑到用户需求,开发数据库的经济效益及技术问题,然后集中人力、物力、财力,构建资源丰富、功能齐全的档案信息数据库,如文件目录数据库、全文数据库、多媒体数据库等。此外,还可以发挥部门优势,建立有自己特色的数据库,如名人数据库、图片数据库、专利数据库、科技成果数据库等。其次,档案编研工作是指以库藏档案为主要研究对象,以社会需求为目的,通过对档案内容的编辑、归档,形成系统的档案信息加工品,主动、直接为社会各方面工作服务的一项工作。编研工作中应突出"馆藏特色""馆藏珍品""文化功能"和"教育功能"。同时将采用多媒体技术对文字型、图形型、声音型等档案信息进行综合处理,形成图文并茂的电子版书籍。档案信息形成电子版书籍后,就进入了最后一关,即传输服务。电子版书籍融入信息市场进行交流,形成信息市场模式,或利用网络向人们提供各种档案信息,形成网络信息服务模式。

第四节 档案信息安全保障体系建设

档案信息安全保障体系的建设在取得了一定的成绩的同时,仍存在许多问题,必须及时加以纠正和改进。档案信息安全保障体系的建设不是一蹴而就的,是一个复杂的社会工程。首先要纳入国家信息安全保障体系和电子政务信息安全保障体系的总体格局中,其次要学习国内外保障体系建设的经验,结合档案信息资源的自身特点,将档案信息安全保障体系建设落到实处。

一、信息安全保护与信息安全保障

信息安全是一个发展的概念,从通信保密、信息保护发展到信息保障,或者说是从保密、保护发展到保障,每个阶段的安全属性是不一样的,是逐层扩展的:保密阶段为保密性;保护阶段为保密性、完整性和可用性;保障阶段为保密性、完整性、可用性、真实性和不可否认性,在《信息安全管理体系规范》中,又增加了可追溯性和可控性,信息安全属性也是信息安全的目标。保障阶段需要采取相应的措施才能达到上述要求。

信息安全保障是对信息以及信息系统进行的保护和防御工作,确保信息以及信息系统的可用性、完整性、保密性、可认证性、不可否认性等特性。这包括在信息系统中融入保护、检测、反应等功能,并提供信息系统的恢复功能。除安全属性不断丰富外,安全保障与安全保护的主要区别是主动防御和动态保护。而与之对应的信息保护是静态保护(安全措施基本不变)和被动保护(发生安全事故后再采取防护措施)。

然而,目前多数高校图书馆所做的工作只是对档案信息进行保护,并未达到保障档案信息安全的水平。造成这种现象的主要原因就是高校图书馆混淆了安全保护和安全保障的概念,使得保障档案信息安全阶段的能力停留在保护阶段的水平上,不能主动地采取防御和动态防护的手段来保障档案信息的安全。在具体操作上,仍以身份认证、数据备份、安装防火墙、杀毒软件和入侵检测等被动保护措施为主。在日益复杂的档案信息系统和网络环境下,档案信息得不到应有的保障。

实现信息的安全保障,不仅是对信息的动态保护,同时也是一种安全管理,对信息的安全保障是一个管理过程。但是在实际运用中,人们进行的安全保障工作往往重技术而轻管理。

在保障档案信息安全的工作中,如果只注重对安全保障技术的运用,往往难以实现保障档案信息安全的目的。在保障档案信息安全的工作中,存在许多无法预知的安全隐患,如果仅靠安全保障技术是无法有效清除这些隐患的,尤其是对内部用户的管理,要想保障档案信息安全,需要"三分技术,七分管理"。这是安全保障领域长期实践出来的经验,在档案信息安全中同样适用。从历史上发生的众多信息安全事件中可以发现,多数事件的发生都是管理方面的原因。因此,要切实做好档案信息的安全保障,不仅要提高技术水平,更重要的是提高信息安全管理水平,通过科学的信息安全管理来避免档案信息安全保障中可能出现的安全威胁。

二、档案信息安全保障风险评估的意义

档案信息价值越高,档案信息所面临的威胁风险就越大,档案信息安全问题就越突出。风险评估是落实等级保护制度的重要手段,通过风险评估可为信息系统是否达到指定的安全等级提供依据。国内外的经验及政策都表明,信息安全风险评估是建设档案信息系统安全保障体系的有效手段和基础工作。对档案信息安全保障进行风险评估的意义如下。

(一)将档案信息安全保障纳入国家信息保障体系

我国于2007年11月1日开始正式施行《信息安全技术 信息安全风险评估规范》(GB/T 20984—2007)。档案信息作为我国信息资源的重要组成部分,应积极响应国家信息安全政策,纳入国家信息安全保障体系的总体格局。在国家标准的基础上,根据档案信息的特点,逐步实施,可以先在综合档案馆和电信、银行、税务、电力等大型档案信息管理系统中试验,在此基础上再逐步推广,实现将风险评估工作在基础信息网络和重要信息系统中普遍推

行的目标。

(二)规范档案信息安全保障建设

在档案信息化建设中,国家和行业部门出台了对应的标准,为档案的信息化建设提供了依据。随着档案信息化的发展,近年来档案信息安全的有关事件逐年增加,国家和行业部门开始重视档案信息安全建设,国家档案局于2017年12月印发了《档案行业网络与信息安全信息通报工作规范》,给档案信息安全保障建设指明了一定的标准。

(三)安全技术和安全管理共存

等级保护和风险评估是信息安全管理的核心内容,是信息安全管理的具体体现。国家提倡在等级保护制度下进行风险评估,就是在对信息系统划分等级后,采用风险评估系统测评信息安全管理是否达到相应等级的安全要求,这样可以改变以往只建设不测评的现状。同时,风险评估还要求贯穿信息系统的整个生命周期,即在信息系统的分析、设计、实现和运行维护的整个生命周期内,都将进行定期或不定期的风险评估,也体现信息安全保障的动态安全和主动防御。以往在档案信息安全保障的建设中也强调信息安全管理机制的构建,而风险评估就是很好的体现。风险评估有相应的安全策略,按照"谁主管谁负责、谁运行谁负责"的要求,对在岗的每一位员工细化相应的安全职责,这样也提高了员工的安全意识。

(四)完善档案信息安全保障体系

对于我国目前未进行风险评估的已建、在建或将建的档案信息系统,应积极对其进行风险评估,对其信息安全保障体系进行完善。当然,风险评估并不是信息安全保障的唯一手段(还包括等级保护、应急响应和灾难恢复等),但它是档案信息安全保障不可或缺的一个重要环节。通过风险评估,可完善目前还没有达到保障要求的档案信息系统安全保障。另外,对于新建设的档案信息系统在设计阶段就要融入风险评估,这样可以防患于未然。

(五)对档案信息安全保障体系建设进行监督和检查

档案行政管理部门需要对已进行或正在进行的档案管理工作进行监督、指导,通过风险评估有效促进该项工作的开展。风险评估能够为参与监督、指导的各方提供一个参考标准,对目前档案信息安全保障进行监督和检查。档案信息安全保障的相关各方,可分别进行自评估、认证评估和监督评估,这样可以彻底改变目前我国档案信息安全保障缺乏评估体系的现状。

第四章　高校图书馆档案管理信息化建设

第一节　高校图书馆档案管理信息化建设概述

一、档案管理信息化建设的内容

档案管理信息化是指档案管理部门在相关档案管理部门的组织管理下，将现代的信息技术与档案管理活动结合起来，利用信息技术对档案信息资料进行管理，发挥档案信息的价值，实现档案的信息化发展，满足人们的需求。

在我国的档案信息化发展中，档案管理信息化是其中的重要组成部分。加强档案管理信息化建设、推动档案管理科学化发展、发挥档案管理工作的职能作用，是目前档案管理工作的关键。加强档案管理信息化建设是如今档案管理工作的主要内容，主要包括基础设施建设、标准规范建设、信息资源建设、应用系统建设、人才队伍建设等。

(一)基础设施建设

在档案信息化建设中，基础设施建设是基础，为档案信息化建设提供了物质条件，主要包括两部分内容，即档案信息网络系统和档案数字化设备。档案信息网络系统是档案信息化建设的核心内容，是开展档案信息化管理各项工作的基础，同时也是提供档案信息服务的基础。只有将信息化档案与网络系统有机地结合起来，才能充分发挥档案信息的价值。档案数字化建设是档案信息化建设的基础，是档案信息化建设的必要条件。

(二)标准规范建设

档案信息化建设的标准规范建设是指对电子文件的形成、归档和电子档案信息资源标识、描述、存储、查询、交换、网上传输和管理等方面，制定标准、规范，并指导实施，逐步形成关于中国档案信息化的标准规范体系的过程。

《电子文件归档与管理规范》(GB/T 18894—2002)、《电子文件归档与电子档案管理规范》(GB/T 18894—2016)等国家档案信息化规范的颁布与施行,对于确保计算机管理的档案信息和网络运行的安全、畅通,具有重要意义。

(三)信息资源建设

档案信息资源的开发和利用是档案信息化建设的核心内容,也是档案管理中的长期工作。档案信息资源建设主要包括对各种类型馆藏档案的数字化以及对电子档案的采集和接收。档案信息资源建设的主要形式包括馆藏档案目录中心数据库建设、各种类型的档案数字化资源的数据库建设。内容丰富、结构合理、数量充足的档案信息资源,是实现档案信息资源建设的关键。在档案管理工作中,要根据档案的性质和重要程度,将馆藏档案进行数字化处理,确定不同类型的档案信息的标准,保证在档案信息化建设中档案资源的准确性,只有这样才能保证档案信息化建设基础工作的严谨性。

(四)应用系统建设

应用系统建设是实现档案信息化建设的技术保障,主要包括档案信息的收集、管理、利用、安全等方面的内容,它们直接关系到档案信息化建设的速度和质量,也是档案信息化建设服务效果的体现。在档案信息化建设中,依靠相关的档案管理机构和科研院所的技术力量,运用先进的档案管理软件,能够有效加快档案信息化建设的进度。

(五)人才队伍建设

档案信息化建设需要大量相关人才的注入。在档案信息化建设中,运用大量的科学技术和应用系统需要依靠相关的人才,尤其是综合性人才。档案管理人员的整体素质直接影响档案信息化管理水平和服务水平。档案信息化建设,不仅需要具备相关档案管理知识的人才,还需要懂得计算机相关知识的综合性人才。

二、档案数字化

在档案管理信息化过程中,档案数字化是其中的核心内容。数字档案具有资源数字化、管理网络化、用户使用方便等优点,同时还具有开放性强、易于检索、便于利用等特性。

(一)档案数字化的内涵

档案数字化,就是将各种档案信息进行数字化处理,转换为电脑能够识别的数字信息。具体来讲,就是将各种实体的档案信息转换为电子文件,然后将其储存在相应的平台上。通过对档案进行数字化处理,人们可以借助相应的软硬件设施来检索自己需要的档案信息,提高检索信息的效率,发挥档案信息的价值。

档案数字化的主要内容包括两个方面:一方面是档案目录信息的数字化,建立档案目录数据库;另一方面是不同载体档案的数字化,如纸质档案、档案缩微品、照片档案及录音录像档案等的数字化、建立档案影像数据库或多媒体数据库、档案专题信息的采集与建库。

(二)档案数字化的作用

1.档案数字化能够提供数据支持

档案数字化依托于数字技术将纸质档案材料转换成计算机识别的"数字语言"材料。目前应用比较广泛的扫描技术、音频录制、影像摄制等方式基本上都能把原始的纸质档案和影像资料以数字化的形式进行收集,再经过计算机的著录、编目等处理,并把所有的档案信息都存储于数据库系统,形成一个有序结构的档案信息库。对于档案信息化来讲,数字化是基础。档案的数字化处理是产生档案数据的必要手段,将各种载体的档案信息转换为数字化信息,使之成为脱离载体的信息资源,这是档案信息化的基础,为档案信息化创造了条件。目前,多数档案管理机构开始着手数字档案馆的建设,积极推进各种类型的档案数字化,在深入开展馆藏档案全文信息数字化工作的基础上,很多档案机构和高校还陆续通过数字档案馆软件、硬件项目以及档案数字化扫描项目等建设手段,建立数字档案馆管理系统,为档案的保存和开发利用提供数据支撑。

2.档案数字化能够有效保护档案原件

将传统档案转换为电子文档,会对档案原件进行适当的调整、整理、编目、统计等,并对其中的模糊字迹或缺损的部分进行修复,这就相当于通过技术手段对档案原件重新进行修正。将纸质、声像、实物等档案转换为电子档案,能够有效减少对档案原件的使用次数,有利于对原件的保护。因此,进行档案数字化工作,能够有效提高对档案原件的保护程度。

3.档案数字化是数字图书馆发展的基础

档案数字化建设必然是未来图书馆建设的发展方向,是实现档案信息化的重要举措。图书馆作为档案事业的主体和档案信息资源的集散地,数字化建设更应率先而行。当前数字图书馆的具体组成机构、组织管理模式还处于探索和发展中,传统档案数字化将是其发展的重要组成部分。

(三)各载体档案的数字化

1.纸质档案数字化

在进行纸质档案数字化过程中,要注意以下问题:

(1)要实现文档一体化管理,在这一过程中,要从行文开始把关,保证文件的起草、签发、催办、归档等运作过程在一体化管理软件中进行,这样档案的前身就能以机读文件为主要形态,档案也自然以机读形式存在。

(2)要使用文档一体化软件,同时还要将非本档案馆的纸质档案进行扫描,将其转换为电子文档储存在相应的位置中。

(3)将馆藏的纸质档案经过扫描储存在电子档案中,实现档案信息数字化。这不仅为档案的使用提供了便利,还能提高档案管理的效率,延长纸质档案的使用寿命。

2.声像档案数字化

传统的声像档案指以模拟信号为记录载体的录音、录像档案。随着网络技术的不断发展,网络储存技术也逐渐成熟,数字化发展也逐渐成为声像档案的发展趋势。传统的声像档案资料不仅对保管环境具有较高的要求,而且只能为少数人提供服务。若想实现声像材料的共享,就需要对声像材料进行数字化处理,借助相关的管理系统,提高声像材料的利用水平。

现有可用的声像资料要完成数字化的转换,最核心的问题是要有跟保存资料配套的播放设备及可采录的非线性编辑系统。比如,录像带(VHS、S-VHS、BETA、DVCAM、DV 等)就得找相配套的放像机或录像机播放,最终才能完成声像资料的播放、采录及后期的编辑、制作、加工,这是一套完整的声像制作系统所必需的。只有具备了设备的保障,才可以完成声像资料的数字化转换。数字化转换过程中一个基本的原则就是把现有资料通过分量信号或 SDI 转换成质量级别最高的 AVI 视音频文件保存,如果需要可再转换压缩生成 MPEG2 或 MP4 或 WMV/ASF 等媒体格式。另外,转换后的声像资料通常刻录成数据光盘保留,同时也备份保留在计算机硬盘里。声像资料转成数字化后,所面临的问题就是对声像档案的整理、分类、编目等的数字化管理。

3. 实物档案数字化

实物档案数字化是指档案机构将馆藏的实物档案逐一拍摄为照片,形成电子档案,然后将照片上传系统,与实物档案之间建立联系,将实物信息与实物照片统一归档。这种模式不仅能够将实物照片与信息相互对应,加深人们对实物的了解,同时还能够有效减少对实体档案的查阅,能够有效保护档案实体,延长实物档案的使用寿命。实物档案数字化后,有助于实物档案的使用与宣传。

(四)档案数字化中的问题与措施

1. 档案数字化中的问题

(1)档案数字化标准有待规范。近年来,随着大数据时代的发展,档案数字化得到了较快发展,并取得了一定的成果。要想获得档案数字化的长远发展,就需要对档案数字化的相关工作进行规范化和标准化建设。但是目前,多数档案馆的数字化标准规范建设不够健全,部分相关的规范不能满足档案馆数字化建设的需要,阻碍了档案数字化发展的进程。

(2)缺乏数字化档案信息资源。就目前我国多数档案馆的档案数字化来看,主要是以检索目录的方式,以档案信息为导向数据,而不是真正意义的档案数字化。档案的检索目录对用户有一定的利用价值,但是全文的检索更能满足用户的需要。因此,馆藏档案的数字化要包括目录检索数字化和全文数字化。档案全文数字化信息资源的不足会导致网上档案资源信息的单一和匮乏,无法满足用户的需求,影响档案资源数字化的发展进程。

(3)缺乏档案数字化的相关人才。档案信息数字化的发展,需要一定的技术支持、相关的技术人才及档案管理人员具有较高知识水平和技术水平。从目前来看,档案管理人员的技术水平普通较低,多数档案管理部门缺乏高技术人才,尤其是既通晓档案管理工作,又具有较强计算机技术的复合型人才。人才的缺失对档案资源信息的数字化发展具有很大的影响，即使引入较为先进的技术和设备，如果没有相应的技术人员，也无法发挥其作用。

2. 推进档案数字化的有效措施

为推动档案数字化的建设发展，应该重视上述中的相关问题，并采取相应的措施。

(1)提高对档案管理数字化工作的重视。在档案管理中，各部分工作是相互联系的，档案的数字化建设是档案管理的首要环节，只有做好该项工作，才能保证档案管理工作的顺利进行。因此，要提高对档案数字化工作的重视程度，加大档案数字化建设的资金投入，提高档案数字化建设的软硬件设施建设水平，加快档案数字化建设。

(2)做好档案数据库的建设。目前，我国档案信息数字化系统正处在由文件处理向数字处理转换的过程，要想实现这一环节的过渡，需要完善数据库的开发和建设。数据库建设的目的在于依靠先进的信息技术对档案进行科学的管理。数据库的建设不是一蹴而就的，需要相关技术人员的共同配合，根据档案馆的实际情况，建立相应的档案数据库。

(3)推动档案数字化的标准化和规范化。标准化、规范化的滞后，极大地阻碍了档案数字化的发展进程。因此，要想实现档案数字化的快速发展，就需要尽快健全档案数字化的标准和规范。制定切实可行的档案数字化的标准与规范，有助于推动档案数字化的发展，能够有效提高档案的管理工作效率。

(4)调整馆藏结构，丰富数字化档案资源。目前，多数档案馆内的档案资料仍以传统载体的档案为主，数字档案的资源相对较少。因此，要积极加快各个档案馆中数字化资源的建设，对档案馆的馆藏结构进行调整，加快传统档案资源向数字档案资源的转化，实现纸质档案全文的数字化，扩充数字资源的总量，为受众提供更为便捷的服务。

(5)大力培养信息技术人才。档案数字化是一项具有较强技术性的工作，这就要求相关的档案人员不仅要具备相应的档案管理知识，还要掌握相关的计算机技术。各个档案馆不仅要积极地引进相关的技术人才，还要注重对本馆人员的技术培养，提高档案管理人员的综合素质，满足档案管理数字化的发展。

三、档案管理信息化建设的意义

(一)能够有效提高档案管理的效率

传统的档案管理方式较为复杂,且档案相关信息的输入全部由人工完成,速度较慢,导致档案管理效率低,对档案的利用程度也较低,档案利用的宣传途径也较为单一。实现档案管理信息化建设,人们可以借助计算机来完成对档案信息的录入和查询,能够极大地节省人力、物力,提高工作效率。传统的档案管理主要由人工完成,因此容易受到人为因素的影响,容易出错,且仅凭人力难以完全查找其中的错误信息。档案由信息化后,能够有效借助计算机来完成这一工作,提高档案管理工作的效率,提高准确性,促进档案资源的有效传递,同时档案的宣传能够选择的途径也较为多样。

(二)能够实现档案资源共享

在传统的纸质档案管理中,人们如果想要获取档案资源,必须要去档案管理机构才能实现,给档案资源的使用带来了不便,同时也给档案管理、档案资源的传递带来了困难,增加了相应的成本。而将档案数字化后,人们只需要借助网络就可以随时随地获取自己需要的档案资源。在档案信息化建设中,将各种形式的档案资料通过扫描、转换的方式转化为电子资源,建立相应的档案数据库。对这些资源进行统一的存储、管理,然后将其纳入档案机构局域网建设中,结合信息化系统,建立文档一体化的管理体系和查阅机制,结合管理人员自身的职责设置相应的查阅权限,从而简化档案管理的流程,实现档案管理使用的一体化。同时,各档案管理机构还可以通过共享平台来完善档案资料中的不足,提高档案资源的完整性,实现档案资源的共享利用。

(三)有效提高档案管理人员的工作效率

传统档案管理工作都是由人工完成的,因此存在工作效率较低、查询速度较慢等缺点。随着时间的推移,传统的纸质档案以及实物档案等会受潮、变质、破损,而且在使用的过程中,也可能使档案资料发生损害,对档案资料的补救不仅要花费大量的人力和资源,而且补救的难度也较大,在档案信息化后,能够有效解决这些问题,能够减少管理人员的工作量,提高工作效率,能够有效减少对档案原件的使用,避免对档案原件造成损害,增强档案保存的持久性。

(四)提高档案管理的安全性和保密性

档案信息是社会中各部门在发展过程中逐渐形成的有价值的信息,是社会发展的重要记录。如果档案信息发生丢失或者被人蓄意破坏,就会造成无法弥补的损失。因此,要加强对档案信息的安全管理,提高档案管理工作的安全性和保密性,尤其是在互联网发展较为复杂的今天,档案信息的安全工作愈发重要。档案管理人员要充分利用档案信息化管理系统与网络平台,提高档案信息的安全性和保密性。

第二节 高校图书馆档案管理信息化发展的目标、原则与存在的问题

一、档案管理信息化发展的目标

随着社会信息化的发展,人们对信息化的重视程度逐渐增加,各地高校图书馆都开始将信息化建设提上日程,档案的信息化建设也得到了一定的发展。档案的信息化建设当下主要分为网络平台建设、软硬件系统设施建设、规范化和体系化建设、专业人才培养、档案信息传输建设几个方面。其中网络平台建设是发展的前提,软硬件系统设施是发展的关键,规范化和体系化建设是发展的后盾,专业人员的培养是发展的核心,档案信息的传输是发展的重点。

(一)网络平台建设是发展的前提

网络平台的建设是档案信息化建设的发展前提,是档案信息化过程中必不可少的一个步骤,主要包括加大对网络环境的建设、加强对网络平台的建设。

1.加大网络环境的建设

档案信息化的发展需要借助一定的网络环境,一般可分为内网、政务网和公众网。内网是指档案馆内部的网站,其服务对象主要是档案馆内部成员,提供的是内部服务,主要目的是支持档案馆内部办公、对采集的档案信息

进行处理和存储、向档案馆内部用户发布各种信息和提供各种服务、提供给政务网和公众网所需要的信息、对各种档案信息数据进行管理和维护。政务网是指为政府职能部门提供信息服务的网站,其主要内容是采集各种信息,并发送到采集与预处理系统、提供给政务网用户有关信息数据、对各种档案信息数据进行管理和维护。公众网是面向大众开放的网络平台,其主要功能是采集各种信息,并发送到采集与预处理系统、向公众网用户提供有关信息、对各种档案信息数据进行管理和维护。加大对网络环境的建设,就是加强这三者的建设,需要注意的是,这三者之间是相互独立存在的,不能混为一谈。

2. 加强网络平台的建设

网络平台的建设主要包括三方面的内容,即档案信息化网络平台的建设标准、档案信息化网络平台建设的主要内容、网络平台建设的要求。

(1)档案信息化网络平台的建设标准主要包括三方面的内容:第一,确保网络环境的安全。随着人们对互联网的使用程度逐渐加深,网络环境也逐渐复杂。因此,要保障网络环境的安全。第二,确保电子信息的安全。建立完善的管理规章制度,不断强化档案存储安全、策略以及对于电子档案的应用。第三,使档案馆的建设及装饰工程与档案信息化网络平台建设步调一致。

(2)档案信息化网络平台建设的主要内容包括访问系统建设、应用系统建设、基础服务体系建设、数据库层和中间库层建设等内容。

(3)随着网络平台建设的发展,我国明确了网络平台建设的要求,除了要满足该要求外,还要满足以下要求:第一,网络平台的建设能够实现长期使用,并能满足未来短期内的需求。在进行机房布线时,要采用具有阻燃性能的材料,使用具有延展性的网络拓扑结构。第二,机房的建设标准。机房作为档案的信息化网络之中的控制枢纽,为保障其中的档案信息的安全应做到如下几点:应该满足各种基础设施的摆放要求、应配备相应的灭火设备、满足其供电需求、交换机的配置应达到千兆、满足中心机房的环境要求、配备各种防盗设备。第三,网络安全建设要求。根据档案馆的工作之中的实际需要,布置合理的硬件设备,并且设置安全的防火墙。第四,技术文档的建设要求。在建设完成验收之时,应将有关的设计资料和技术文档向档案馆移交两套,一套用于保存,一套用于日常使用。

(二)软硬件系统设施是发展的关键

在档案信息化发展中,软硬件基础设施的建设在其中具有十分重要的作用,其建设情况的好坏能够直接影响档案信息化发展的优劣,此外,软硬件系统设施也是检验档案信息化发展的有效手段。软硬件系统设施建设主要包括两方面的内容:一是档案信息化系统的建设要求,二是计算机软硬件建设。

1.档案信息化系统的建设要求

档案信息化系统建设要求主要包括四方面的内容:积极开发统一规范的文件管理软件、积极建立以政务网为基础的档案管理信息系统、积极建立以政务网和公众网为基础的档案信息网站、加强对数字档案馆的建设等。

第一,积极开发统一规范的文件管理软件。档案信息软件是指能够满足档案馆日常工作和管理的应用软件系统。根据技术环境的不同,可分为单机版和网络版档案管理软件;根据功能的不同,可分为档案一体化管理软件、专业档案管理软件等。根据国家档案馆对档案管理软件的发展所提出的各种要求,各地档案馆应结合自身发展的需要,积极创新,开发出满足档案信息管理应用统一规范的软件。

第二,积极建立以政务网为基础的档案管理信息系统。以政务网为基础的档案信息管理系统是指能够将数据库中的档案文件信息有利地接入政府职能部门的网络之中,和政府公务网之间建立相互统一的联系,为政府职能部门在日常的工作之中提供相应的档案文件信息等服务。随着政务信息化的逐渐发展,对这种档案管理信息系统构建的需求也越来越高。因此,各地档案馆应该按照国家的有关规定,主动地投入这种档案信息系统的建设之中,为将档案数据库建设成为一个重要的信息资源库,更好地融入各个系统之间而努力。而对于一些发展较为迅速的档案馆应建立有力、有效的服务于各地党政机关的信息中心,使得两者之间协调发展、共同进步。

第三,积极建立以政务网和公众网为基础的档案信息网站。档案信息网站在有档案馆自身建立于网络之上的网络信息服务平台,是面向大众的公众平台,而根据其服务对象的不同可分为服务于政府部门的政务网和服务于公众的公众网两大类档案网站。各地高校图书馆应该根据国家的有关规定和要求,主动地投入档案信息网站的建设中去,完善各种管理制度,更好地满足各种需求,丰富网站内容,逐步地上传各种档案信息,积极地促进档案信息网站的发展,更好地实现资源共享的目标。

第四,加强数字档案馆的建设。"数字档案馆"的含义有广义和狭义之分。广义的数字档案馆是指存储和利用档案信息资源的信息空间,是一个由众多档案资源库群、档案信息资源处理中心、档案用户群构成的数字档案馆群体,是一个内容管理系统、集成系统和数字信息长期保存系统的集合。但对于其建设的技术要求是非常高的,对于资源的投入也有着很大的要求。目前,对于数字档案馆的建设,我国还处于探索阶段,只有一些极其发达的城市在进行数字档案馆的建设,这也为档案馆以后的发展提供了宝贵的经验。但我国对于数字档案馆建设的各种要求和模式仍不明确,对其的探索过程仍在继续。对此,我们应该根据国家的有关要求和规定,逐步发展,步步为营,更好、更积极地推动数字档案馆的建设过程。

2.计算机软硬件建设

计算机硬件是指计算机系统中由电子、机械和光电元件等组成的各种物理装置的总称。计算机的硬件设施应采用主流配备,综合考虑各个方面,使其使用性能更加优秀。

计算机软件也称软件,是一系列按照特定顺序组织的电脑数据和指令的集合。对于专门的档案信息管理软件,图书馆可以和相关企业进行合作,结合自身需求对软件进行定制和开发,使软件的更新和维护也有了更大的保障。

在档案的信息化建设之中,无论是计算机软件还是硬件建设,图书馆都应该量力而行,结合自身的实际情况,采用最有效的方式,稳步地向前推进,使得建设效率得到更好的提升。

(三)规范化和体系化建设是发展的后盾

规范化和体系化建设是档案信息化发展的后盾,能够保障档案信息化的健康发展,主要包括标准规范建设和安全保障体系建设两方面的内容。

1.标准规范建设

标准规范建设主要包括标准管理规范、标准业务规范、标准技术规范。标准管理规范是指在管理过程之中的各种规范和要求,如在档案信息整理、档案信息存储等方面的规范要求;标准业务规范是指对于各种格式的规范要求;标准技术规范是指对各种基础设施建设和各种技术的规范要求等。只有在遵循相应的规则之下,档案信息化的发展之路才能够更加地畅通,各级档案馆应该根据国家相关规定,加强自身标准规范建设。

2.安全保障体系建设

档案管理系统具有一定的复杂性和开放性,其所处的网络环境也较为复杂,因此,档案信息化建设的安全保障体系建设具有一定的难度。档案信息的安全防护工作是一项整体性、综合性的系统工程,需要采用各种安全防护措施。图书馆应重视安全保障体系的建设,加强对档案信息的安全管理,同时,建立对应的安全应对措施,保障档案信息化建设的安全发展。

(四)专业人员的培养是档案信息化发展的核心

在档案信息化建设中,不仅需要先进的技术,同时还需要具有先进思想、高水平的专业人员,如果专业人员的专业素质和专业技能水平无法跟上软硬件的发展,难以满足档案信息化建设的需要,那么档案信息化建设的健康发展就无法实现。因此,要加强对档案工作人员的培养,积极引进具有高技术水平的档案管理人员,这不仅是档案信息化建设发展的需要,同时也是档案信息化发展的核心问题。

"以人为本"是档案信息化发展必须坚持的原则,即使基础设施以及软硬件设施建设得极为先进,如果没有专业的技术人员,那么也无法实现档案信息化的健康发展。因此,各图书馆要注重人才队伍的建设,注重培养具有较高管理水平以及技术水平的复合型人才。

档案信息化就是将数字化的档案信息借助互联网呈现给人们,使档案信息能够更好地为人们提供服务。档案信息化的档案管理模式与传统的档案管理模式不同,不论是在工作上、思想上还是技能上都有较大的差异。因此,档案管理工作人员要明确两者之间的差异,清楚自己在档案信息化管理中的工作任务。在信息化档案管理中,档案管理者所管理的对象不是档案文件本身,而是档案的信息资源。在信息化的档案管理中,档案管理模式的变化会对当前的档案管理人员的分配产生影响。档案信息化的发展,使得管理人员借助软硬件设施就可以大幅度地提升工作效率,因此,相应地就会减少档案整理和调阅人员数量,增加计算机管理知识的专业人才。这在档案管理中是一种巨大的改变,同时也给档案管理人员提出了更高的要求,档案管理人员需要不断地学习新知识、新技能,将其运用到档案管理工作中,提升自己的工作效率,满足档案发展的需要。

在如今档案信息化建设中,档案管理人才队伍的建设还存在较大的问题需要去解决。例如缺乏真正懂得档案信息化的管理者,档案信息化的管理和传统档案管理模式存在较大的区别,不能直接照搬传统的档案管理方式,如果没有真正懂得档案信息化管理的工作人员,那么档案管理的信息化建设会不可避免地出现失误。此外,档案信息化管理人才的缺失也是档案信息化建设的一个重要问题,档案信息化建设需要综合性的专业人才,而档案馆自身的各种限制,导致难以引进专业人才。而且,档案馆工作人员的整体信息化素质还有待提升,档案管理的信息化发展开展较难进行。人在档案的信息化建设中发挥着重要的作用,只有拥有充足的人才,才能推动档案信息化的进程。

档案馆的信息化建设并不是档案馆内某一个工作人员的事情,而是整个档案馆的各方面人才协调起来实现的。档案馆的信息化建设需要多层次的人才,按照其在档案信息化建设中发挥的作用,可以将其分为三类,分别为战略预测人员、管理人员、专业人员。战略预测人员要能够预测档案信息化的发展趋势,从当下出发,指导档案馆的长远发展;管理人员需要了解与信息技术相关的知识,不仅要了解档案管理的软硬件设施,还需要了解档案信息化发展的方向;专业人员是指能够完成档案馆信息化管理工作的人员,如档案馆的软件开发、系统维护等。

(五)档案信息的传输是档案信息化发展的重点

档案信息的传输是档案利用开发的重要途径,是档案信息化建设中的重点,同时也是检验档案信息化建设的重要途径,是将人们与档案信息连接起来的桥梁。档案信息化建设的内容分为两部分:首先是对档案馆现有档案资源的信息化,其次是对信息化档案的收集与整理。档案信息化一般分为三种模式,即目录数据的管理与检索、全文数据的管理与检索、多媒体数据的管理与检索。

虽然如今对于档案馆自身资源的应用和开发已经取得了不小的进步,但其中依然存在着各种问题,如一些档案馆只注重对档案信息资源的开发,而对档案信息的利用程度较低;还有部分档案馆的档案信息化建设缺乏一定的体系和规范,没有明确的目标,尽管投入了大量的人力和物力,但是取得的效果却不佳。如今,我国多数高校图书馆对自身档案信息化的利用,只是传统的简单利用,没有深刻挖掘档案信息的深层次的价值,仅仅是档案存储形式的变化,无法发挥档案信息化的内在价值。而且,还有一些档案馆没有真正将档案馆网络系统与社会和公众联系起来,只是单纯的各自为政,无法实现资源的共享。这些都是档案信息化过程之中存在的主要问题。

在如今的社会生活中,档案信息化的建设具有十分重要的意义,我们应重视档案的信息化建设,及时解决档案信息化过程中出现的问题,采取相应的措施,加快档案信息化建设。例如,加快档案馆内档案资源数字化,建立数字图书馆;发挥现有优势与条件,加快数字化进程的发展;积极尝试各种服务模式,满足人们的档案需求;等等。

二、档案信息化工作应遵循的原则

(一)规范性原则

规范性是各行各业在发展过程中需要满足的一个条件。档案信息化如果要获得长远的发展,也需要从实际出发,根据现代的工作和要求,对档案管理中的各项工作进行规范性建设,保证档案管理工作的质量。不论是传统的图书馆还是如今信息化的图书馆,其中各种工作的开展都是逐渐规范化发展的。在如今大数据时代中,图书馆不仅需要接收各种各样繁多的数据,其在运行过程中也会产生各种各样的数据,只有将每一个工作环节规范化,才能保证图书馆各项工作有条不紊地进行。此外,还要加强档案资源数字化的标准规范建设,避免档案之间的重复、混乱。

(二)安全性原则

随着社会信息化、网络化进程的推进,档案信息所处的网络环境逐渐复杂,存在有较多的安全隐患。如果无法保证人们的信息安全,就会降低人们对网络的信任,就会对图书馆的现代化、网络化发展产生影响。因此,要加强档案信息化建设的安全建设,保证档案信息的安全。

(三)效益性原则

档案馆的信息化建设投入了大量的人力和财力,不只是为了学术性的研究建设,因此,档案馆的信息化建设还要注重所产生的效益。因此,在建成图书馆时,要从效益的角度开展图书馆的管理和运行工作,结合图书馆的馆藏,从用户的需求出发,对当前社会的文化热潮和景点内容进行分析,将其中具有较大经济效益的内容进行数字化处理,以获得较大的经济效益。

三、高校图书馆档案管理信息化发展存在的主要问题

(一)档案信息数据库建设进程缓慢

档案信息数据库的建设是信息化发展的基础设施,是将档案中的数据信息进行数字化处理,包括档案目录信息、图像档案信息和文件目录信息等。

尽管信息化发展较为迅速,与日常生活紧密地联系在一起,但是档案信息数据库的建设依旧较为缓慢。档案信息数据库建设缓慢主要有两方面的原因:一方面是因为数据库建设的工作量较大,需要花费较长的工作时间,对复合型人才的需求量较大。多数管理人员缺乏一定的计算机技术知识,创新能力较差,难以满足档案信息管理在信息化时代中的需求。另一方面,相关部门对档案信息管理的重视程度不够,对档案信息化建设的投资力度较小,软硬件设施不足,难以满足档案信息化建设的需求。

要改善这种现状,首先要加强对相关人才的培养,对档案馆管理人员进行计算机方面的培训,提高档案工作人员的综合素质;其次,加强相关部门对档案管理工作的重视,增加档案管理建设的投资力度,完善软硬件设施,促进档案管理的建设工作。

(二)利用网络发挥信息作用的能力有待提高

随着多媒体、互联网技术的发展,人们应充分利用这些平台,来实现对信息的有效使用,充分发挥信息的作用。多媒体能够处理大量的数据,其综合性较强,而且便于传递信息,因此,在档案信息化建设中使用较为广泛。互联网的发展提高了人们获取信息的质量和速度,促进了档案信息化的发展。但是随着网络技术的发展,档案信息化建设所处的环境也变得极为复杂,给档

案信息化建设的发展带来了巨大的挑战。

第一，对档案的存储格式提出了更高的要求。目前，电子文档的格式较为混乱，在纸质文档处理为电子文档时，无法实现格式的统一，不仅增加了后期档案管理工作的难度，而且不便于人们的查阅。不仅是纸质文档，还有图像文档，格式的混乱阻碍了档案信息化建设的发展。

第二，对档案管理人员提出了更高的要求。档案信息化的建设增大了工作人员的工作难度，要求档案工作人员不仅要具备基础的档案管理知识，同时还需要具有一定的计算机知识。而目前这种综合性人才较少，阻碍了档案信息化建设的发展。

第三，对档案信息化建设的安全提出了巨大的挑战。档案信息是对各种事情的记录，其中具有较多的机密信息，因此，应保障档案信息的安全。但是如今复杂的网络环境增加了档案信息安全建设的难度，不仅可能会有网络病毒攻击档案管理系统，同时还会出现窃取档案信息、损坏档案信息的情况。因此，档案管理部门应重视档案信息的安全建设，完善网络系统。

(三)信息化建设的基础建设不够

档案信息化建设还需要具备较强的基础设施，但是各部门对档案信息化建设的重视程度较低，对基础设施的投入较少。因此，相关设备以及设施的完善程度较低，而且科学技术的高速发展加快了设备的更新换代速度，但是多数单位未及时进行更新。

(四)鉴定工作相对滞后

档案的鉴定工作在档案信息建设中具有十分重要的作用。在进行档案鉴定工作时，首先要制定相关的鉴定标准，然后根据标准对档案的价值进行鉴定，在其基础上确定档案的保管期限，保管有价值的档案信息，销毁没有价值的档案信息。

随着社会的发展，档案的数量也大幅上升，纸质文档的保存需要占用大量空间，而且也增加了工作人员的管理难度，不仅会造成人力、物力的浪费，还会产生较高的管理成本。随着时间的发展，纸质档案会受到损耗、发黄，需要定期对其维护与修复，增加了管理成本。将纸质档案进行信息化处理，能够减少人们对原始档案的使用，有效保护档案原件。

档案的鉴定工作决定了档案的存毁,因此应科学全面地对档案的价值进行鉴定。档案管理人员在对档案信息进行鉴定时,要从长远发展的眼光来分析,可能当下认为没有价值的信息随着时间的流逝逐渐变得有价值,因此不能仅凭当下档案的价值来确定档案的整体价值,要考虑档案的长远价值。如果不能正确鉴定出档案的价值,就会造成无法避免的损失,因此,应注重档案的鉴定工作。我国的档案鉴定工作主要是对档案的真实性进行鉴定,对档案价值的鉴定缺乏一定的规范,而且无法保障档案的质量。

第三节 高校图书馆档案管理信息化建设中的知识产权

一、档案管理信息化建设中的知识产权保护

在大数据时代,信息质量和数量与经济发展之间的关系极为密切,导致了众多与信息相关的问题产生,其中,知识产权的保护是首要问题。档案管理信息化建设与知识产权之间有着密切的关系。

档案的本质属性是对真实信息的记录,因此,档案的真实性是必须要经得起推敲和利用的。档案信息是相关人员的活动的记录,也是档案在其构成的过程中,形成的一种知识和内容的形式特征。档案可以说是相关的人员活动后的知识的成果,属于一种作品的范围,也属于知识产权的一种保护。

(一)完善现代档案建设工作

知识在现代经济社会中的地位越来越高,逐渐形成了知识产权,并制定了相应的法律法规,形成对原创知识的保护。从整体发展来看,档案工作的形成在前,知识产权的形成在后,档案工作发展到一定阶段后,知识产权才得以产生。人们对知识产权的认识程度逐渐加深,对知识产权的保护观念也逐渐深入。档案资源是各种信息的真实反映,具有较多机密性的信息,在档案的信息化建设中,要重视档案的知识产权问题,加强对档案信息的保护,这样能够有效提高档案的管理效率。

2.对档案的工作方法和管理模式进行改进

在档案的信息化建设中,需要大量使用网络技术,利用网络平台将档案

信息呈现给大众。对网络的使用增加了档案信息的虚拟性和不可控性,这增加了档案信息知识产权的保护难度。因此,需要对档案的工作方法和管理模式进行改进,将知识产权的相关因素考虑在内,对档案的管理模式进行创新。

3. 提高档案信息资源的开发和利用

档案管理信息化建设的根本目的就是提高档案的实际利用效率,提高管理的效率,实现对资源最大限度的开发和利用,实现其产权的知识保护。这就需要在管理的过程中,明确知识产权保护的范围和内容,根据国家的相关规定和要求对其进行档案的信息化管理,利用信息化数据的有效性、精确性,提高档案资源的有效利用率。

4. 促进信息化档案的法制化建设

随着我国档案管理工作的发展,社会和国家对档案的重视程度逐渐增加,制定了与档案相关的法律法规,档案管理工作的法制化建设逐渐完善。但不可否认的是,档案工作中的部分问题依旧没有得到有效解决。因此,为促进档案信息化建设的发展,加强档案信息的知识产权保护,首要任务是完善信息化档案的法制化建设,为信息化档案的知识产权工作的推进提供保障。

二、档案信息化中知识产权面临的挑战

随着网络的快速发展、计算机技术的广泛应用,网络图书馆在信息的传输过程中有很大的不可控性,这在一定程度上对知识产权的保护造成了影响,给档案信息化的知识产权保护工作带来了巨大的挑战,主要表现为以下两点。

(一)知识产权的保护规范受到影响

经济的快速发展,促进了计算机和网络的快速发展,使其成为我们日常生活中必不可少的一部分,在这种社会环境下,档案的信息化建设成为档案的发展趋势。档案的信息化建设对档案的知识产权保护产生了重要的影响,主要表现在人们借助互联网技术和计算机技术能够随意地下载和传递信息,在传递的过程中,信息的原始性和完整性无法得到有效的保证,不仅无法保证人们获取信息的准确性,也增加了对其知识产权的保护难度。这也是如今

档案信息化建设中需要解决的重要问题,对档案的信息化建设具有重要影响。

(二)知识产权的保护意识受到影响

能否实现对知识产权的有效保护,不仅对档案的信息化建设具有重要影响,还关系到图书馆的运行,对社会各界均会产生一定程度的影响。在如今网络社会环境下,人们对信息的获取途径和方法更为多元,增加了知识产权的保护难度,造成了知识产权和信息化档案建设之间的矛盾。要想消除这一矛盾,就需要在档案的信息化建设中,加大知识产权的保护力度。

三、完善知识产权的保护途径

(一)发挥知识产权法律法规效用

在对涉及知识产权的文档进行网络传输时,应该重视对其的保护,按照国家的法律法规执行,防止产权人的权益受到损害。数字化的转换就是将文档中的文字、图形、声音等输入计算机中,转换成为二进制的编码,然后对其进行加工、转化,在需要使用这些信息的时候,对其进行数字化的转化。凡是涉及产权的文档,在没有经过同意的情况下,不能随意给他人使用。

(二)保护知识产权所有的权益

我国将知识产权的问题归到国家的著作权法中,《中华人民共和国档案法》认可了公民享有档案信息的获取权力。某种程度上,对知识产权的保护和对其资源的共享是相辅相成、不可分割的。如果不能有效地处理好两者之间的关系,就会导致其不能实现档案信息化建设的顺利开展。因此,必须采取一定的措施加强对知识产权的管理,加强网络信息的安全。

(三)正确处理知识产权保护与档案馆之间的关系

要想促进档案信息化建设的顺利发展,需要处理好档案馆与知识产权之间的关系,为高校图书馆的信息化建设提供保障。对知识产权与档案馆之间的关系进行正确处理要注意以下几个方面:首先,应规范档案管理人员的权利,在进行管理工作时,只能在自己权利范围内、法律约束下进行;其次,相关机关应该重视信息化档案的知识产权保护,尊重知识产权人的权利;最后,档案管理部门应该对信息化档案的知识产权管理制定相关的规范,完善管理体系,约束档案管理工作。

总之,计算机、网络技术的出现对人们的生活产生了巨大的影响,在提升人们生活质量的同时也带来了一定的问题。档案信息化建设就是在这一社会背景下产生的,计算机、网络技术促进了网络的信息化建设,但是也给档案的保护工作带来了难度,想实现档案信息化建设的顺利发展,就要加强对其的知识产权保护,对档案的管理工作进行创新。

档案的信息化建设包括多方面的内容,如基础设施建设、数据库建设等,无论是人力、物力还是资源设备,都具有较高的要求。因此,要想促进档案信息化建设的发展,需要加强各部门之间的联系,促进工作人员之间的交流沟通,实现各部门之间的协调发展,提高团队协作能力。

第五章 高校图书馆信息资源保障体系及其建设

第一节 高校图书馆信息资源保障体系概述

一、信息资源保障体系及其目标

信息资源保障体系是指在一个国家或一个地区范围内,各类型的信息机构协调合作,根据统一的规范建立一个集信息收集、组织、存储、传递、开发和利用于一体的信息资源保障体系。这个社会信息资源保障体系中的主体主要包括各种类型的图书馆、信息中心、网络中心、资料室、档案馆、咨询公司等社会机构。在这些机构中,高校图书馆占据着非常重要的位置。

信息资源保障体系以层次结构科学、空间布局合理的资源网络为物质基础,以文献信息资源共享和信息资源整合为实现目标,以纵向和横向联合为组织形式,以计算机、通信网络为技术手段,以最大限度满足用户信息需求为最终目标。

信息资源保障体系的最终目标可以分解为若干子目标,并通过各层子目标的集合,来保证最终目标的实现。信息资源保障体系的子目标包括以下4个方面。

(一)信息收集与积累

信息收集与积累是建立信息资源保障体系的基础,具体目标包括以下几方面:

(1)各级各类信息资源机构在各个层次上开展信息搜集的分工协调,避免信息搜集的重复和遗漏,提高整体文献资源的完备程度,其标准应力求满足用户对国内出版物需求的100%,对国外文献的满足应在90%左右。

(2)整体规划信息资源建设,改变"大而全""小而全"的藏书发展模式,建立各信息资源机构有重点、有特色的专门化的信息资源体系,实现信息资源在学科上的合理配置。

(3)对信息资源的地理分布进行宏观调控,整体布局,改变信息资源在某些地区过分富集和某些地区极度贫乏的不均衡状态,实现信息资源在地区间的合理配置。

(4)建立文献的联合储存收藏系统,完整无缺地保存具有潜在科学和文化价值的文献,并为社会的特殊需要提供文献信息保障。

(5)建立现实馆藏与虚拟馆藏、印刷型文献与其他各种文献载体相结合,文献检索与原始文献提供相结合的信息资源优势互补与资源共享的保障体系。

(二)书目控制

有效的书目控制是信息资源保障体系充分发挥其功能的重要条件,其具体目标有以下几项。

(1)完善国家书目,包括健全出版物呈缴制度,扩大国家书目的文献信息网罗度;运用计算机技术生产国家书目,加快国家书目出版速度,缩短书目报道文献的时差;采用标准著录,增加检索途径。

(2)实现在版编目和集中编目。

(3)建立联合目录报道体系,及时、全面、广泛地展示各信息资源中心的馆藏文献信息。运用计算机编制联合目录,同时生产出联合目录数据库。

(4)建立和完善检索刊物体系,包括增加检索刊物的数量、扩大报道文献的覆盖率、缩短报道文献的时差、提高检索刊物标准化程度以及实现刊库结合。

(三)馆际互借与文献传递

馆际互借与文献传递是信息资源保障体系的重要运作方式,具体目标有以下几项。

(1)实现馆际互借与文献传递的系统化、网络化,对全国的馆际互借与文献传递工作进行全面规划,建立协作协调机构来组织馆际互借与文献传递工作,制定统一的馆际互借与文献传递规则来规范馆际互借与文献传递行为,从而使我国的馆际互借与文献传递形成有序运行的系统。

(2)扩大馆际互借与文献传递的规模和范围,积极开展国际互借与国际传递,更加广泛地利用文献资源。

(3)以现代技术装备文献传递网络,保证实现信息的远程实时传递。

(四)信息检索

信息检索是优化信息资源保障体系传递功能的重要技术手段,具体目标包括:

(1)网络公共查询,包括联合目录数据库、成员馆馆藏目录数据库和其他共享数据的查询。用户可以通过 Web 浏览器或客户软件实现"一站式检索",即用户一次性输入检索要求,一次性显示检索结果,查询感兴趣的书目记录或请求文献传递。

(2)联机检索,扩大联机检索的范围和规模,全国只要有网络覆盖的地方都可以成为网络终端,并与世界上主要的信息系统相连,用户在办公室或家里就可以查询到分布在全球的数据库的信息。

上述四个方面的子目标相互联系,构成了一个完整的目标集。这个目标集是逐项落实我国信息资源保障体系最终目标的结果,也是实现最终目标的保证。

二、高校图书馆信息资源保障体系的内涵及作用

(一)高校图书馆信息资源保障体系的内涵

高校图书馆信息资源保障体系是指高校图书馆按照统一的规范和标准,协调进行信息资源的采集、整理、加工、存储、共享、开发和利用,以促进高校学科建设和知识创新为主要宗旨,以最大限度地满足校内外用户个性化、专门化、系统化和高效率信息需求的信息服务系统。高校图书馆信息资源保障体系作为一个行业性信息资源保障系统,以组织、传递、交流、提供知识信息服务为主要目的,是国家信息资源保障体系的重要组成部分,也是国家知识基础设施的有机组成模块。

(二)高校图书馆信息资源保障体系的作用

1.信息资源保障体系是高校图书馆信息化建设的核心内容

信息化建设是高等学校建设的重要组成部分,信息化水平的高低直接影

响其整体办学水平、学校形象和地位。2015年,教育部发布的《普通高等学校图书馆规程》提出,高等学校图书馆是学校的文献信息资源中心,是为人才培养和科学研究服务的学术性机构,是学校信息化建设的重要组成部分,是校园文化和社会文化建设的重要基地。图书馆的建设和发展应与学校的建设和发展相适应,其水平是学校总体水平的重要标志。高校图书馆信息资源保障体系的建设,为实现校内信息资源与服务的合理化规划、分配和利用提供了可靠、安全、科学的保障。

2. 信息资源保障体系的建设和服务水平是高校图书馆总体水平的主要标志

信息资源保障体系在高校图书馆信息化建设的核心地位毋庸置疑,其信息资源建设和信息服务水平是体现高校图书馆总体建设水平的主要标志。国内外著名大学的图书馆的发展水平也是遥遥领先。高等学校图书馆的工作是学校教学和科学研究工作的重要组成部分,高等学校图书馆的建设和发展应与学校的建设和发展相适应,其水平是学校总体水平的标志。因此,信息资源保障体系的建设水平直接影响着高校的核心竞争力。

3. 信息资源保障体系是高校图书馆信息用户获取信息资源的最主要渠道

高校图书馆的信息资源保障体系不仅是学科建设、高素质人才培养的文献信息保障基地,也是高校开展知识创新和技术创新的重要信息源泉。高校图书馆对信息资源进行筛选、加工、整理、存储以后,并为用户提供检索和利用的途径,较好地满足用户的信息需求。高校图书馆信息资源保障体系的完善和创新是解决用户信息需求的重要途径。

4. 高校图书馆信息资源保障体系是国家信息资源保障体系的重要组成部分

高校是国家创新体系的重要组成部分,高校图书馆信息资源保障体系则是一体化信息资源保障体系的重要子系统之一。信息资源保障体系服务对象和范围不仅局限于高校内部,还具有十分重要的社会意义。具体体现在:

(1)促进社会信息公平,保证公众能自由地获取各种必需的信息。

(2)保存文化遗产。高校图书馆有极为丰富的馆藏资源,承担着保存和传承人类文化遗产的使命。

(3)肩负提高公众信息素养和科学文化素养的重任。

第二节 高校图书馆信息资源保障体系建设

我国高校信息资源保障体系建设是在科学技术的快速发展及社会对信息资源的需求基础上开始建立的,已有数十年的历史,在近几年取得了实质性的进展。在理论上,对全国信息资源保障体系建设正逐步形成完整的理论体系。在实践中,从全国到地区和系统的高校信息资源保障体系的建设均取得了一定的成绩。下面介绍几个全国性和省级较著名的高校信息资源保障体系。

一、全国性高校图书馆信息资源保障体系

(一)中国高等教育文献保障系统

中国高等教育文献保障系统(China Academic Library & Information System,CALIS)是经国务院批准的我国高等教育"211工程""九五""十五"总体规划中三个公共服务体系之一。CALIS的宗旨是,在教育部的领导下,把国家的投资、现代图书馆理念、先进的技术手段、高校丰富的文献资源和人力资源整合起来,建设以中国高等教育数字图书馆为核心的教育文献联合保障体系,实现信息资源共建、共知、共享,以发挥最大的社会效益和经济效益,为中国的高等教育服务。

CALIS管理中心设在北京大学,下设文理、工程、农学、医学四个全国文献信息服务中心,华东北、华东南、华中、华南、西北、西南、东北七个地区文献信息服务中心和一个东北地区国防文献信息服务中心。

从1998年开始建设以来,CALIS管理中心引进和共建了一系列国内外文献数据库,包括大量的二次文献库和全文数据库,采用独立开发与引用消化相结合的道路,主持开发了联机合作编目系统、文献传递与馆际互借系统、统一检索平台、资源注册与调度系统,形成了较为完整的CALIS文献信息服务网络。截至2017年12月,参加CALIS项目建设和获取CALIS服务的成员馆已达到1 268家。

"十五"期间,国家继续支持"中国高等教育文献保障系统"公共服务体系

二期建设,并将"中英文图书数字化国际合作计划"(China-America Digitel Academic Library,CADAL)列入该公共服务体系建设的重要组成部分,项目名称定为"中国高等教育文献保障体系中国高等教育数字化图书馆"(China Academic Digital Library&Information System,CADUS)",由 CALIS 和 CADAL 两个专题项目组成。项目和总体目标明确为:在完善"九五"期间中国高等教育文献保障系统(CALIS)建设的基础上,到 2005 年底,初步建成具有国际先进水平的开放式中国高等教育数字图书馆。它将以系统化、数字化的学术信息资源为基础,以先进的数字图书馆技术为手段,建立包括文献获取环境、参考咨询环境、教学辅助环境、科研环境、培训环境和个性化服务环境在内的六大数字服务环境,为高等院校教学、科研和重点学科建设提供高效率、全方位的文献信息保障与服务,成为中国经济和社会发展的重要基础设施。

(二)中国高校人文社会科学文献中心

中国高校人文社会科学文献中心(China Academic Humanities and Social Sciences Library,CASHL)是教育部根据高校人文社会科学的发展和文献资源建设的需要引进专项经费建立的,其宗旨是组织若干所具有学科优势、文献资源优势和服务条件优势的高等学校图书馆,有计划、有系统地引进国外人文社会科学期刊,借助现代化的服务手段,为全国高校的人文社会科学教学和科研提供高水平的文献保障。它是全国性的唯一的人文社会科学外文期刊保障体系。

CASHL 于 2004 年 3 月 15 日正式启动并开始提供服务。CASHL 的资源和服务体系由 2 个全国中心、7 个区域中心和 8 个学科中心构成,其职责是收藏资源、提供服务。目前拥有的资源规模:国外人文社会科学领域的核心期刊和重要印本期刊达 26 490 种;电子期刊达 2 739 种,电子图书达 73 万余种;外文印本图书达 200 余万种。CASHL 目前服务对象:830 家成员单位,包括高校图书馆和其他人文社会科学研究机构,个人用户逾 12.74 万个。CASHL 累计提供手工文献传递服务超过 120 万笔。

CASHL 可为用户提供以下服务:

(1)高校人文社科外文期刊目次数据库查询。收录了 CASHL 全国中心

(北京大学和复旦大学)2 300多种人文社会科学外文期刊,可提供目次的分类浏览和检索查询,以及基于目次的文献原文传递服务。

(2)高校人文社科外文图书联合目录查询。CASHL提供北京大学、复旦大学、武汉大学、南京大学、吉林大学、中山大学以及四川大学等高校图书馆的人文社科外文图书的联合目录查询。

(3)高校人文社科核心期刊总览。CASHL包含两大序列:由北京大学图书馆主持编纂的《国外人文社会科学核心期刊总览》,被SSCI和A&HCI收录的核心期刊。带有"馆藏"标识的可提供文献传递服务,带有"推荐"标识的可以推荐订购。

(4)国外人文社科重点期刊订购推荐。CASHL提供26 000多种国外人文社科重点期刊的目录供用户推荐订购,用户的推荐意见将作为CASHL订购期刊的重要依据。

(5)文献传递服务。注册用户可在目次浏览或检索的基础上请求原文,如不知文献来源,也可以直接提交原文传递请求。通常情况下,用户发送文献传递请求后,可在1~3个工作日得到所需原文。

(6)专家咨询服务。由具有专业素质的咨询专家为用户提供信息咨询、课题查询服务。

(7)CASHL馆际互借服务。注册用户可在高校人文社科外文图书联合目录浏览或检索的基础上递交请求。

二、省级高校图书馆信息资源保障体系

国家级高校信息资源共享保障体系的快速发展,鼓励和带动了我国以省、市为单位的地区性高校信息资源共享保障体系的不断发展,如北京、上海、江苏、天津、广东、湖北、浙江、河南等省市建设的地区性高校信息资源保障体系。

省级高校图书馆信息资源保障体系是指在省、直辖市、自治区范围内,省内若干高校图书馆以实现信息资源共享、利益互惠为目的而组织起来,受共同认可的协议或合同制约而共同建设的基于互联网的文献保障联合体。其主要功能是在其区域内的高校间通过统一的数字化平台实现图书馆文献资源与信息服务的共建、共知、共享,提高本地区文献保障率和信息服务水平,

为本地区高校的科研、教学等提供更完善、更有效的公共服务保障设施。

省级的高等教育文献信息资源共享保障体系能利用地域上的便利,充分发挥文献保障体系的优势,在联合编目、公共检索、馆际互借、协调采购、电子信息资源建设等方面结成协作组织,实现本地区高等教育文献信息资源的共建共享。

第三节 我国高校图书馆信息资源保障体系建设策略

一、高校图书馆馆藏信息资源的需求特征

馆藏资源是图书馆为读者提供信息资源的物质基础,高校图书馆必须根据自身的需求特征来构建馆藏信息资源。

(一)馆藏信息资源要"全""新""快"

高等学校图书馆是学校的文献信息中心,是为教学和科学研究服务的学术性机构,是学校信息化和社会信息化的重要基地。馆藏信息资源应具备以下特点:第一,信息资源要"全"。教学与科研的进步和发展需要大量的、全面的、丰富的本学科及其相关学科的信息资源作为支撑。第二,信息资源内容要"新"。当今世界科学发展突飞猛进,新理论、新技术日新月异,高水平的科学研究有赖于掌握更新的学科前沿信息。只有掌握学科最先进的研究动态与最新的研究成果,才可能抓住和驾驭学科前沿。第三,信息资源传递服务要"快"。教学科研只有不断快速找到和发掘新的学科生长点,才能在科学领域有所突破,焕发生机。图书馆要跟上教学、科研发展的步伐,只有快速高效的提高信息传递的速度和质量,才能满足教学、科研对信息资源服务的要求。

(二)馆藏信息资源要形式多元化、传递网络化

高校图书馆要满足读者用户对信息资源多元化的需求,就要收藏除文本信息(全文信息和题录信息)以外的大量非文本信息,如图形、图像、声音、视频等,使信息资源呈现多类型、多媒体、非规范性等多元化特点。

计算机技术、通信技术、网络技术的迅速发展,使读者可以轻松利用网络来迅速传递信息,读者只要登录网站,轻点鼠标,即可在几秒钟内看到自己想要查阅的信息,信息的网络化传递便利了读者轻松获取和利用馆藏实体资源和虚拟资源。

(三)馆藏信息资源要实现资源整合

资源整合是资源优化组合的一种存在状态,是依据一定的需要,对各个相对独立的资源系统中的信息对象、功能结构及其互动关系进行融合、类聚和重组,使其重新结合成为一个新的有机整体,形成一个效能更好、效率更高的新的资源体。综合运用各种技术、方法和手段对图书馆所拥有的众多资源进行系统化和优化,目的是将所有的馆藏资源透明地、无缝地集成在一起,以保持知识体系的完整性,实现不同信息资源的有效沟通,满足学校教学、科学研究需要,形成网上统一的馆藏体系。

(四)馆藏信息资源要共享化

读者用户对馆藏资源的利用不再受时间、地理位置的限制,真正成为全校师生可以共同开发挖掘的资源,甚至不是本馆的读者都可以通过网络直接利用本馆的信息资源。本馆的资源通过网络连接到世界各地,大大提高了信息资源使用效率,从而使资源共享变为现实。

二、高校图书馆信息资源保障体系建设的原则

1. 整体性原则

整体性原则是高校图书馆信息资源保障体系建设应遵循的首要原则。高校图书馆信息资源保障体系作为一项复杂的系统工程,涉及信息资源类型、信息保障技术、信息保障机制、信息服务能力等诸多因素,也牵涉到政府主管机构、信息保障机构、信息用户、社会公众、信息生产商等不同利益群体,因此只有运用整体思维方法,通过全方位、立体化视角和综合审视,实现不同群体的利益均衡,才能实现信息资源保障体系的可持续发展。整体性原则要求高校图书馆信息资源保障体系的建设目标应与国家信息资源整体化建设总目标保持一致,实现信息资源保障体系与社会协调发展。在发挥政府主导作用的前提下,要在统一规划、统一布局和统一管理下进行整体化建设,信息

机构之间分工明确,各司其职,通过发挥各自特色,实现整体效益和联合保障的目标。

在高校图书馆信息资源保障体系中,整体性原则还要求对校内信息资源实行整体化建设,统筹规划,合理布局,优化结构,资源共享。在信息资源保障体系中,每一高级层次的信息资源建设不只是简单的低层次文献信息收藏的总和,而是相互补充、配合所形成的信息资源保障体系,具有更充分和完备的信息保障功能。要发挥高校图书馆信息资源保障体系的整体效应,关键在于各个子系统即各高校图书馆之间以及高校内各院系资料室在信息资源建设中的密切联系、协调配合,共同朝整体化方向发展。

2. 共享性原则

资源共享的目的在于使每个组织和个人都能够在一定范围内最大限度地利用信息资源。信息资源共享的实质是信息资源在空间上的合理配置,通过协调信息资源在时效、区域、部门数量上的分布,信息资源布局可以更加合理,从而在既定的资源约束条件下,使用户的信息需求得到最大限度的满足,同时也使存量信息资源发挥最大作用。保证信息资源共享是高校信息资源保障体系建设的重要原则。用户信息需求的多元化、个性化、集成化特征,使得任何信息机构的信息资源都无法满足用户的全部信息需求,因此通过信息资源保障体系的建设,坚持共享性原则,不断提高和完善高校与高校之间、高校与校外其他信息机构之间广泛的合作关系,建立一个分工协作、优势互补、相互依存、互为利用的整体化、综合化信息资源保障体系。

3. 效益性原则

效益是效果和利益的统称。高校信息资源保障体系必须讲求实效,不断提高投入成本的使用效益和信息资源的利用效率,实现信息资源优化配置并使其不断增值。从不同的角度,效益可以分为经济效益和社会效益、直接效益和间接效益、当前效益和潜在效益等类型。其中,经济效益和社会效益是信息资源配置效益的核心内容。一般认为,信息资源配置经济效益主要体现为资源配置的效率原则,信息资源配置社会效益的核心则主要体现为资源配置的社会公平原则。实践证明,以用户的信息需求为导向的信息资源保障体系建设才是真正有效益的。

高校信息资源保障体系不断向前发展的根本动力是源源不断的用户需

求。信息资源保障体系建设的最终目的是促进信息消费,而信息消费水平又极大受制于用户的信息需求程度。因此,要实现通过拉动用户信息需求来促进高校信息资源的有效配置,就必须通过各种方式加强对信息用户的信息素养教育,增强用户的信息获取意识,并且通过高质量信息服务使用户感到物有所值、物超所值。同时要通过建立科学合理的综合评估指标体系,定期对高校信息资源保障体系运行和利用状况进行评估监测,为及时调整信息资源建设和信息服务策略提供参考依据。

4. 服务性原则

信息服务是指高校图书馆通过各种手段所进行的一切与信息资源有关的服务活动的总称。信息服务是开展信息资源建设的基本宗旨和根本目的,是高校图书馆在网络化、数字化环境下得以继续生存与发展的唯一原因。服务性原则包括平等、自由、人性化和满意度四个方面的内容。平等是指信息用户均享有平等地利用各类信息机构拥有信息资源和信息服务的权利,特别是要维护弱势群体的信息权利;自由指用户享有自由地利用信息资源的基本权利,但条件是必须以合法利用和合理利用为基本前提;人性化则体现在环境人性化、技术人性化、服务人性化三个方面;信息用户是否满意及满意的程度,是衡量信息机构提供的信息服务质量的核心评价标准。高校图书馆信息资源保障体系建设以为用户提供高质量、高效率的个性化、专门化、系统化信息服务为最终目标,以用户满意为最高宗旨。在深入探索用户信息需求的特点的基础上,有针对性地开展网络环境下信息资源建设,不断提高信息服务水平和服务效率。坚持"以人为本""用户至上"思想是服务性原则在高校图书馆信息资源保障体系建设过程中的具体体现。

5. 重点性原则

事实上,高校的学科发展都有各自的重点发展方向。由于经费、人员等条件的限制,高校信息资源保障体系建设也不可能使全校所有学科的信息资源保障都达到十分完备的程度。重点性原则就是要求在高校信息资源保障体系建设过程中,针对本校学科优势、科研重心和发展趋势,系统地收集、组织重点学科信息资源,使其达到较高的完备程度。信息资源采集不能简单地追求信息资源的数量和规模,更应该注重其信息质量。高校信息资源保障体系建设是一个长期的不断发展完善的过程,在服从于高校的整体发展目标前提下,按照"保障重点,兼顾一般"的原则,要有计划推进特色化馆藏资源发展战略,积极开展特色化服务,不断提高高校图书馆的核心竞争力。

6. 开放性原则

高校信息资源保障体系是一个开放式系统,内与学校学科建设、科学研究和人才培养紧密结合,外与其他不同层次的信息资源保障体系保持紧密联系,并与国际接轨。理论上讲,任何时空的信息资源保障体系都无法满足所有用户的全部信息需求。信息资源的稀缺性和用户无限增长的信息需求永远构成一对矛盾,而正是这种矛盾使高校信息资源保障体系必须通过对外合作与交流而获得新的发展动力。

7. 公平性原则

我国信息资源分布存在严重的非均衡性,信息资源富集和贫乏现象同时并存,而且这种非均衡性分布和落差趋势还在进一步扩大,这对保护用户信息资源利用的公平权利和从信息资源中平等获益的权利构成了挑战。在过去长期的信息资源保障理论与实践中,我国学术界一直没有将实现信息公平作为一种特殊使命来严肃对待并给予足够重视。高校信息资源保障体系作为我国国家信息资源保障体系的重要组成部分,应当承担起维护信息公平的重任。公平性原则对于建设高校信息资源保障体系具有特殊的意义,在于它将信息资源保障体系的研究视角扩大到更高一级的社会层面,使其研究重心由信息资源和信息技术更多地转移到"信息人"——公众和用户方面,这无疑是一种社会进步。公平性原则要求在高校信息资源保障体系建设过程中,不仅要从资源上满足校内信息用户和社会公众的信息需求,而且要保障社会用户享有平等利用信息资源的权利,提高社会公众的信息获取能力。

三、高校图书馆信息资源保障体系建设总体策略

(一)制定法律和政策保障机制

构建信息资源保障体系必须有章可循,有法可依。各馆应根据教育部编制的《普通高等学校图书馆文献资源发展政策编制指南》,制定本馆的信息资源发展政策来指导和规划馆藏资源的持续发展。对本馆信息资源发展过程中涉及的诸如经费分配方式、馆藏资源荐购、各类型资源的复本量、馆藏评

价、盘点与维护、馆藏剔除、馆际合作和读者意见处理等每个问题都做出具体的规定,向读者予以公布,成为沟通图书馆主管部门、图书馆和广大读者的纽带,帮助图书馆获取更多的经费和建立良好的公共关系,推动高校图书馆的信息资源建设向规范化和科学化方向迈进。

(二)建立图书馆信息资源联合保障机制

当前随着现代信息技术的迅速发展,读者的信息需求呈现个性化、多元化、集成化的特点。任何一个图书馆,仅仅依靠自身馆藏都无法满足所有读者的全部信息需求。资源共建共享是现代图书馆发展的方向,也是时代赋予图书馆的要求。近年来,已有越来越多的高校图书馆参与了信息资源共建共享活动,对各高校图书馆信息资源收藏的学科范围和层次进行整体规划,分工协调,减少相互重复采购、入藏,才能从整体上达到比较高的信息覆盖率,最大限度满足读者的信息需求。例如构建于1994年的广州地区高校图书馆联盟,成员馆有华南理工大学图书馆、暨南大学图书馆、华南师范大学图书馆等12家。经过数十年的发展,该联盟在联合借阅、协调订购、学术交流、数字资源共建共享等方面取得了显著成果,已建设区域资源平台、外文期刊联合目录、免费电子全文库、创新参考文摘库、期刊评价与投稿系统、在线信息素质教育等数字资源系统等,促进了区域图书馆整体服务水平的提高,有效地保障了各成员馆的信息需求。

(三)注重高校图书馆的科研特色馆藏建设

高校的两大重要职能就是教学和科研。高校图书馆的首要工作就是能够为学校日常的教学和科研提供基础的信息资源保障。在此基础上,必须加强高校图书馆本身的科研特色馆藏的建设,不仅对重点学科的主要研究项目加以跟踪并提供全方位的信息支撑,在确保其正常运转的情况下,提供该学科相关的信息资源,使该学科领域的信息资源在数量、品种、类型等方面具有一定规模和优势,还要进行科学的组织管理,使其具有多种检索途径和检索功能。

搞好科研特色馆藏,要优化馆藏结构,突出专业特色。对本院校的重点学科及科研情况做全面了解,并及时跟踪国内外相关学科的研究动态。资源采购计划要有针对性,做到广泛收集信息资源、灵活运用信息资源采购渠道,调整信息资源采购策略,凸显本校学科特色,制定符合重点学科发展的馆藏发展规划。搞好科研特色馆藏,除了收集国家出版社正式出版的某一学科领域的信息资源外,还要注重地方资源中非正式出版物的收藏,如会议文件、简报、内部杂志、各团体的文件、地方性的刊物、地方专家学者的手稿等。图书馆要在收藏信息资源的同时,注重对现有馆藏资源的开发,将特色馆藏转化为二次、三次资源数据库和专题数据库,以适应通信和网络技术的发展,方便读者,提高利用率。

(四)图书馆信息资源的整合和标准化

标准化是实现信息资源共建共享的先决条件。这里说的标准化不仅仅限于文献工作的标准化,而是拓展为信息管理的全面标准化。比如,在高校图书馆要推行信息技术、信息加工、信息服务网络建设、信息记录、信息检索、信息传递等方面的标准化工作。

图书馆信息资源整合是指按照一定标准、规范,将图书馆范围内的文本资源、数据库资源、网络虚拟资源、光盘资源、自建数据库资源等各种载体形式、多种存储途径、多种信息类型、内容分散杂乱的信息资源进行优化重组,使其有机结合在一起,实现图书馆资源采集、分类、编目、典藏、流通等工作的融合,使读者能够在统一的检索平台下通过标准的数据存取模式完成对不同数据库和信息资源的检索利用的资源集合体。图书馆信息资源整合实质是图书馆根据自身特色,从服务读者、方便读者的角度出发,按照一定的组织和规范,通过一些先进的技术和管理,将原来分散、独立的信息资源进行融合、类聚和重组,以实现不同文献类型、不同数据库资源之间的无缝链接,形成一个有机的系统整体,让读者的检索、使用等工作变得简单、快捷、高效。

1.图书馆信息资源整合的意义

高校图书馆信息资源整合的实现有助于高校图书馆信息资源体系建设。表现在:第一,有效促进信息资源的有序化;第二,对信息资源进行过滤,减少信息污染;第三,提高信息资源的利用效率;第四,为信息资源服务提供了基础和平台;第五,资源的整合有利于开展信息资源的有效评价。

2.信息资源整合的对象

信息资源整合的对象是信息资源整合机制的关键环节。资源整合的对象包括：①不同载体、不同类型的信息资源之间的整合，包括印刷型、电子型、网络型、虚拟资源的整合；②各种电子资源的整合，如电子图书、电子期刊、光盘数据库等；③本地资源和远程资源之间的整合；④图书馆内部资源和外部资源的整合。

3.图书馆信息资源整合的方式

图书馆信息资源整合的方式包括以下四种方式：①汇合整合方式，主要是基于图书馆公共检索系统的一种整合方式；②组合整合方式，是多个数据库系统的有机优化整合；③重组整合方式，是基于数字图书馆应用系统的一种资源整合方式；④一体化综合整合方式，是在图书馆公共检索系统和数字图书馆资源整合系统之间再建立多维关联，实现各种元数据之间以及其他资源对象之间的互操作。

四、高校图书馆学科信息资源保障体系建设

(一)学科信息资源保障体系在学科建设中的作用

每一所知名的大学都有一流的研究领域、学术专家和学术成果，为社会培养了大批高水平人才。学校的竞争实质就在于学科实力的竞争、专家的竞争和贡献社会能力的竞争。学科建设是高等学校的一项重要的战略任务，也是学校建设的核心内容。学科建设是围绕提高学科水平所做的一系列基础性工作，它是一个系统工程，是集学科方向、学术队伍、科学研究、人才培养、学术交流于一体的综合性建设，是教学、科研和人才培养的结合点。因此，高校图书馆学科信息资源保障体系建设是一项系统工程。

在学科建设中，高校图书馆学科信息资源保障体系的作用表现在以下三个方面：

1.为科学研究提供充足的信息资源

第四轮学科评估指标体系框架设置了师资队伍与资源、科学研究水平、人才培养质量、社会服务与学科声誉四个一级指标。这四个一级指标都涉及科研成果及其应用评价。科学研究是促进学科建设的内在动力，科研水平是判断学科建设实力的重要指标。学科信息资源使专家学者能及时了解学科的前沿动态和最新发展方向，对确定科研课题、明确研究方向有较好的导向

性作用。高水平论文的发表、专著的出版离不开学科信息资源保障体系的支撑。

2. 丰富学科队伍知识结构

高校高素质的专家人才队伍是学科建设的主力军。他们的科研水平和综合素质影响学科建设。构建学科信息资源保障体系,为建设一支高素质的学科队伍提供了内容新颖、形式多样的培训资料,有助于丰富学科队伍知识机构。

3. 夯实人才培养基础

人才培养质量涉及教学与教材质量、学生学位论文质量、学生综合能力质量。教师在编写教材、从事教学的每一个阶段都需要参考最新的国内外学科研究动态。学科信息资源保障体系方便教师了解学科前沿知识,从而使课程教材及教学过程能满足当今学生的需求。学生需要在查找大量相关研究文献的基础上进行学位论文的写作。学生综合能力尤其是科研能力的提高,是在不断参与科学研究的基础上累积而成的。学科信息资源保障体系为学生的学位论文写作和科研能力的提高提供了可靠的资源支撑。

(二)高校图书馆学科信息资源保障体系的构建策略

高校信息资源建设者应处理好印刷型信息资源与数字信息资源、一般信息需求与学科信息需求的关系,协调好图书馆与院系图书馆(资料室)间的关系,并采取一系列共建共享等保障措施,使高校图书馆学科信息资源保障体系始终处于向上发展状态,为高校学科建设提供更完善的服务。

1. 正确处理现实信息资源中印刷型信息资源和数字信息资源之间的关系

以读者需求为导向,提高印刷型信息资源建设质量。印刷型信息资源仍然是高校图书馆不可或缺的一种信息资源,是高校图书馆信息资源建设的重要组成部分。一个图书馆的现实馆藏应该能满足自己用户需求的80%以上。因此,印刷型信息资源是馆藏的收藏重点,也是信息资源保障的基础。在现实资源的建设中,高校图书馆应把印刷型信息资源建设的着眼点放在"用"字上,印刷型信息出版物品种多样,涉及各个学科门类。从学科建设的角度出发,根据学校的教学和科研需要,通过多种途径有计划、有重点地选择采购与学科建设相关的文献资源。为了提高印刷型文献资源采购的针对性,馆藏建设应该具有针对性,保证较高的文献资源利用率,应加强文献资源利用率的跟踪调查。在调查读者需求的基础上,结合学科建设需要,进行印刷型信息资源建设,提高印刷型信息资源建设质量。再者,控制采购印刷型信息资源的复本量,增加其品种。如图书采购复本量的确定,主要是综合考虑学科读者人数、学科文献利用率、学科文献年出版数量、学科文献的半衰期及文献价格等多方面的因素,实行复本"不均衡采购原则"。

2.加强数字信息资源建设,与印刷型信息资源形成互补

数字信息资源具有种类多,检索、阅读、下载方便,不受时间、地点限制,多用户共享等特点,在很大程度上解决了图书馆印刷载体复本少、藏书空间不足与拒借率高的矛盾。因此,数字信息资源已成为高校图书馆信息资源的重要组成部分,适用于满足高校师生对学科前沿知识信息的需求,受到教师和学生读者的广泛欢迎,并成为教学和科研所需资源的有力保障。能否处理好印刷型信息资源和数字信息资源的关系直接影响高校图书馆信息资源保障体系建设的好坏。因此,对于一些知识更新速度较快的学科研究领域,在配置馆藏信息资源的时候,应合理引进数字信息资源,建立数字信息资源科学评估体系,优化高校图书馆数字信息资源建设,综合评价数字信息资源,调整数字信息资源结构。要对数字信息资源与印刷型信息资源之间的信息进行查重,定量分析数字信息资源与印刷型信息资源配置比例,实现馆藏学科信息资源的科学化配置。除此之外,挖掘、整合网络免费资源,作为补充馆藏的一个重要手段和途径,可以丰富学科专业资源。目前网络出版的免费期刊越来越多,比如公开获取期刊,其中不乏一些学术质量较高、可以免费阅读的全文。通过图书馆主页链接、微信公众号推送等方式让更多的用户能够了解并利用免费期刊资源,同时抓好满足学科需求的网络信息导航服务。在互联网上寻找并整合导航素材,然后分门别类,设立导航栏目,做好相关链接,为用户有效地利用网络信息资源提供便捷的途径。

3.处理好一般信息需求与学科信息需求的关系

高校图书馆馆藏学科信息资源体系是一个科学的知识体系,坚持馆藏学科信息资源体系的系统性,是建设高质量馆藏学科信息资源体系的重要保证,同时要保持馆藏信息资源在内容上的完整和学科之间的内在联系。从纵向看,高校图书馆对于一些学校重点学科门类的馆藏信息资源要在内容上保

持本学科内在的历史延续性和完整性,包含该学科从基础理论到高端技术和科学前沿的全部内容。从横向看,高校图书馆的馆藏信息资源要能够反映出各门学科之间的交叉、渗透关系,各学科、各类型馆藏信息资源保持合理的比例。在校大学生是高校图书馆服务的主要对象,高校图书馆应该保障他们对信息资源的一般信息需求。学生人数众多,自我信息资源保障能力较差,对图书馆的信息资源依赖性较大,其信息资源需求主要集中于专业基础类、科普类和休闲类等信息资源。高校图书馆在采购印刷型信息资源和数字信息资源时,应考虑满足学生读者的一般信息需求。

高校图书馆作为教学和科研服务的文献信息中心,在学科建设中起着重要的文献保障作用,是教学、科研以及学科建设的重要支撑力量。因此,要保证学科信息资源能够满足本校师生进行科学研究的学科信息需求和能够保障其对本学科专题的整体信息需求。同时要注意学科间的联系和学科建设的特点,遵循"保证一般,突出重点"的原则,有针对性地对这些学科信息资源进行建设。

4. 协调好校图书馆和院系图书馆(资料室)学科信息资源建设的关系

校图书馆和院系图书馆(资料室)的服务宗旨和分工不同。校图书馆和院系图书馆(资料室),都是高校信息资源保障机构,在高校教学和科研中都有着重要地位。校图书馆是为全校师生员工教学、科研提供综合信息服务的重要场所,其信息服务重点是教学与科研并重。而院系图书馆(资料室)侧重于为本院系的教师进行科研提供信息服务,信息服务的重点在科研。校图书馆的馆藏信息资源建设应突出广泛性和综合性,密切关注本校各个院系所有专业及其基础学科、边缘学科和交叉学科的印刷型资源和数字资源的建设。此外,还收集一些与本校各专业不太相关,但对师生扩大知识面和提高素质及综合能力有用的印刷型资源和数字资源,以配合高校的"通识教育"和"通才教育"。院系图书馆(资料室)的信息资源建设应发挥本院系地利、人和的优势,结合本院系学科建设和研究方向,向高、深、专的方向发展,不断跟踪学科的发展动态和前沿领域,并与相关国内外教学科研单位保持经常性业务联系,突出专业性、学术性和针对性。

5. 加强校图书馆与院系图书馆(资料室)的合作与交流

高校图书馆与院系图书馆(资料室)分离的情况比较普遍,这种做法不仅不利于学科信息资源共享,也不利于校图书馆与院系图书馆(资料室)之间的沟通。与校图书馆相比,各院系图书馆(资料室)占有地利、人和优势,可以更及时地了解读者的学科信息需求,更容易与读者建立互动关系,而校图书馆所拥有的人力和技术等资源,是院系图书馆(资料室)所缺乏的。为了平衡不同学科信息需求,对于各院系图书馆(资料室),其信息资源应统一到校图书馆管理系统中,在财力、物力和人力方面进行整体规划和协调,既可以确保校图书馆在学校的学科馆藏信息资源建设的连续性,又可以借此避免由于院系图书馆(资料室)学科信息资源不足引起的院系图书馆(资料室)之间的发展不平衡。校图书馆主要为教学、一般需求和相关学科研究的信息需求提供服务,院系图书馆(资料室)主要为科研信息需求提供服务。这样的模式既可以统筹协调高校读者对综合信息的需求,又可以及时了解读者对某个学科领域馆藏信息资源建设的反馈意见,是数字环境下高校图书馆保持一般信息需求和学科信息需求之间平衡的一个可行办法。基于馆藏学科信息资源的共享,以校图书馆为中心,把各院系的图书馆(资料室)通过改制纳入全校学科信息资源共享体系中,形成以校图书馆为主、以各院系图书馆(资料室)为辅的学科信息资源共享模式。在这种模式下,对院系图书馆(资料室)的学科信息资源进行整合,使之纳入校图书馆学科信息资源建设统一平台中。

参考文献

[1] 陈维. 数字图书馆特色资源共享与服务研究[M]. 杭州:浙江工商大学出版社,2015.

[2] 陈晓红. 大数据时代的信息素养教育理论与实践[M]. 成都:西南交通大学出版社,2017.

[3] 陈一红. 高校档案、图书、情报一体化理论及实践探讨[J]. 云南档案,2019(9):54-56.

[4] 戴秀文. 大数据背景下的档案数据化[J]. 内江师范学院学报,2019(4):116-120.

[5] 党跃武,曾雪梅,陈征,等. 基于信息组织技术的档案资源开发[M]. 成都:四川大学出版社,2016.

[6] 樊英. 高校图书、档案一体化质疑[J]. 兰台世界,2007(20):21-22.

[7] 方彦,詹丽媛. 档案数字化外包从业人员职业状况分析与优化管理对策[J]. 档案学通讯,2020(5):77-84.

[8] 付佳,闫实,刘占波,等. 大数据环境下图书档案资源多维评价研究[J]. 山西档案,2019(3):74-77.

[9] 傅光远. 关于高校图书馆开展社会化服务的思考[N]. 山西日报,2019-04-17(14).

[10] 傅永珍. 高校档案数字化管理之优势与弊端[J]. 档案学研究,2017(增刊2):125-127.

[11] 郭小磊. 大数据时代对档案现代化的影响和要求[J]. 中小企业管理与科技(下旬刊),2021(5):28-29.

[12] 韩李敏. 档案数字化攻略[J]. 浙江档案,2019(1):56-59.

[13] 郝红梅. 大数据背景下的高校图书馆档案管理策略思考[J]. 营销界,2020(37):48-49.

[14] 何焱林,胡勇.大数据时代高校图书档案资源整合探讨[J].知识文库,2018(12):73.

[15] 化秀玲.高校图书档案数字化建设研究[J].河南教育(高教),2019(3):16-19.

[16] 黄霄羽,管清潆."互联网+"时代国外档案利用服务的前沿特征[J].档案与建设,2018(10):4-9.

[17] 惠红婷.大数据时代高校档案信息化建设的策略分析[J].办公室业务,2021(9):78-79.

[18] 贾璨.高校图书档案信息化建设的问题与对策[J].办公室业务,2020(2):101-102.

[19] 贾国华,贾璨.信息时代高校图书档案管理工作面临的问题及对策[J].文化产业,2021(8):104-105.

[20] 贾建瑞,代晓清.试论高校图书档案信息资源一体化建设[J].成都师范学院学报,2019(3):96-100.

[21] 孔楠,孙晓楠.高校图书档案数字化建设研究[J].当代旅游,2019(6):257.

[22] 雷水旺,慕东周,方立公.高校图书档案数字化资源融合服务研究[J].江苏科技信息,2019(1):13-15.

[23] 雷水旺.高校图书档案数字化资源融合服务模式和构建研究[J].内蒙古科技与经济,2019(3):66-67;70.

[24] 李富存.高校图书馆档案信息资料的收集管理和开发[J].传媒论坛,2020(7):105;107.

[25] 李计峰.提高图书档案管理人员素质的有效途径探讨[J].读天下,2016(19):292.

[26] 李琦.大数据时代高校档案利用工作研究[J].办公室业务,2021(8):153-154.

[27] 李勤.高校图书档案管理中计算机信息技术的应用探究[J].科技创新导报,2018(23):237;239.

[28] 李飒.高校实现图书档案资源共享的路径探讨[J].中外企业家,2019(19):139-140.

[29] 李飒.新时期高校图书档案管理一体化分析:兼论《信息存储与管理》[J].染整技术,2018(12):115-116.

[30] 李婷.浅谈高校图书档案管理及信息化[J].黑龙江史志,2014(9):259.

[31] 廖霞.大数据时代档案管理工作面临的问题和对策[J].办公室业务,2020(21):119-120.

[32] 刘博.大数据时代电子档案管理现状与发展分析[J].办公室业务,2021(6):184-185.

[33] 刘艳红.图书馆创新服务:理论与案例[M].兰州:甘肃人民出版社,2018.

[34] 刘越男.地方政府数字档案集中管理模式研究[M].北京:中国人民大学出版社,2016.

[35] 罗庆红.浅谈高校图书资料档案信息化管理的优势[J].信息记录材料,2018(8):223-225.

[36] 吕海霞.图书档案服务高校学生工作思考[J].品位经典,2021(1):80-82.

[37] 马海娇.高校实现图书档案资源共享的途径探讨[J].现代营销(下旬刊),2019(4):119-120.

[38] 马仁杰,李曼寻.论"互联网+"时代档案价值与档案利用的关系[J].档案学研究,2020(6):104-114.

[39] 马仁杰,涂存兵."互联网+"时代我国档案利用的特点[J].山西档案,2018(1):12-15.

[40] 牛力,刘慧琳,曾静怡,等.数字时代档案资源开发利用的重新审视[J].档案学研究,2019(5):67-71.

[41] 欧阳春宜.大数据时代高校档案管理模式重构探讨[J].数码世界,2020(11):84-85.

[42] 潘虹.大数据时代高校档案管理模式的应用浅析[J].兰台内外,2020(20):13-15.

[43] 邱川燕.大数据时代档案数据化管理与建设[J].福建电脑,2020,36(10):66-68.

[44] 邱晓青.高校档案数字化建设存在的问题与对策[J].福建商学院学报,2018(3):95-100.

[45] 任华.大数据时代背景下的档案价值与开发利用研讨[J].中国集体经济,2021(9):56-57.

[46] 商圣坤.大数据时代的档案管理信息安全问题分析[J].中国新通信,2021(8):124-125.

[47] 史文辉.高校图书档案管理及信息化研究[J].中国多媒体与网络教学学报(上旬刊),2018(11):61-62.

[48] 宋秋萱.大数据背景下关于档案管理的探讨[J].内蒙古科技与经济,2021(5):25-26.

[49] 宋业妮.探究大数据时代背景下的档案管理工作[J].山东档案,2020(5):45-46.

[50] 宋震.慕课潮流下图书馆的发展:以高校图书馆为例[J].中国集体经济,2017(9):90-91.

[51] 孙海霞.大数据时代文书档案管理及信息化应用途径研究[J].信息记录材料,2021(5):190-191.

[52] 孙明节,谢蓉.论高校图书馆中的档案建设管理[J].才智,2017(25):31.

[53] 孙鸣蕾,房小可,陈忻.图书情报档案领域数字人文研究综述[J].兰台世界,2021(4):117-121;125.

[54] 王春雨.大数据背景下电子档案管理创新途径[J].科技风,2021(15):115-116.

[55] 王军光.高校图书馆电子资源评价体系建构研究[M].天津:天津科学技术出版社,2017.

[56] 王满莹.大数据时代下档案管理人才应具备的能力分析[J].中小企业管理与科技(上旬刊),2021(5):154-155.

[57] 王敏超.大数据时代档案文化资源的开发利用[M].天津:天津科学技术出版社,2017.

[58] 王娜.关于大数据时代下的档案工作分析[J].兰台内外,2021(13):76-78.

[59] 王璞.大数据时代图书信息化管理的创新与探讨[J].办公室业务,2020(14):77;79.

[60] 王思婕.数字人文视阈下档案数字化生存路径的创新思考[J].山西档案,2020(2):70-76.

[61] 王莹.浅谈高校图书馆办公室档案管理信息化建设[J].办公室业务,2017(19):50;52.

[62] 韦凤春.高校图书档案信息化管理的创新思路研究[J].长江丛刊,2018(7):208-209.

[63] 韦凤春.高校图书档案信息化建设面临的机遇及挑战[J].长江丛刊,2018(5):233-234.

[64] 邢小玉.我国高校图书馆与档案馆协调发展研究[D].郑州:郑州航空工业管理学院,2018.

[65] 徐冰.大数据环境下高校图书馆档案管理的优化策略[J].出版广角,2021(5):77-79.

[66] 徐海英.高校图书馆档案信息资源的整合与开发利用[J].中国培训,2017(4):62.

[67] 徐玲.高校图书、情报、档案实行一体化管理探究实践[J].知识文库,2020(23):196;198.

[68] 徐桠.大数据时代下企业档案管理工作的创新研究[J].科技经济导刊,2021(16):189-190.

[69] 薛圆圆.大数据时代电子档案管理创新研究[J].兰台世界,2021(增刊1):64-65.

[70] 杨瑾.浅论高校图书、档案集中式管理[J].档案管理,2017(4):63-64.

[71] 杨舒丹,蔡小妮.大数据时代档案服务工作模式嬗变[J].机电兵船档案,2021(3):36-38.

[72] 杨阳.大数据时代档案信息化建设的挑战与探索[J].黑龙江档案,2021(2):193-194.

[73] 于亚秀,汪志莉,张毅.高校图书馆创新服务[M].上海:上海社会科学院出版社,2016.

[74] 翟婧.高校图书馆电子档案管理方法创新研究[J].科技经济导刊,2021(3):112-113;116.

[75] 张华容.大数据时代背景下档案管理分析[J].城建档案,2021(5):88-89.

[76] 张婧怡.大数据时代下高校图书档案管理研究[J].知识经济,2019(25):92-93.

[77] 张乃文.计算机信息技术在现代高校图书档案管理中的应用探究[J].参花(上),2019(6):86-87.

[78] 张倩.新形势下高校图书馆档案管理工作初探[J].档案管理,2017(6):93-94;44.

[79] 张圣和.浅谈大数据时代图书档案管理人员应具备的素质[J].中国新通信,2019(6):161.

[80] 张卫华.高校图书与档案信息资源整合的策略与价值[J].档案管理,2017(3):64-65.

[81] 张雪芳.大数据背景下高校图书馆档案管理对策研究[J].兰台内外,2021(2):19-21.

[82] 张雪芳.高校图书馆档案优化管理新思路探讨[J].兰台内外,2020(35):10-12.

[83] 赵丹.大数据时代背景下的档案管理探讨[J].黑龙江档案,2020(5):93.

[84] 赵婕,贾国华.浅谈大数据时代高校图书档案管理人员应具备的素质[J].学周刊,2017(12):15-16.

[85] 赵丽华.大数据时代背景下高校档案管理模式的变革和优化[J].黑龙江档案,2021(2):72-73.

[86] 赵前进.大数据时代的档案管理信息安全分析[J].中国新通信,2021(7):133-134.

[87] 赵跃.大数据时代档案数据化的前景展望:意义与困境[J].档案学研究,2019(5):52-60.

[88] 周美玲.我国综合档案馆档案利用信息反馈机制建设研究[D].福州:福建师范大学,2016.

[89] 周晓薇.大数据时代高校学报档案管理中须引起重视的工作[J].学报编辑论丛,2020(0):615-619.

[90] 朱莉华.大数据时代做好科研档案管理创新服务科技成果转化[J].青海科技,2020(5):14-16.

[91] 卓小柳.大数据时代高校档案管理初探[J].城建档案,2021(4):74-75.